기독교 신앙을 위한 가이드북

기독교 신앙을 위한

가이드 북

한기홍 목 사
한승복 전도사 공저

KSi 한국학술정보(주)

목차

기독교 신자를 위한 가이드 북

신앙 안내 프로그램

이 프로그램은 성서의 기초와 기독교 신앙의 원리를 연상하여 주의 깊게 관찰해야 된다. 기독교 신앙은 모세의 신앙고백(출 3: 15, 20: 1-)을 직면하고, 여호수아의 신앙체험(수 1: 8-11, 10: 14, 14: 1, 24: 23)을 교수학습 설정의 자료로 삼고, 아브라함의 신앙생활(창 12: 1-9, 17: 1-8, 22: 1-19)은 그리스도 안에 있는 영적 관계로 진행한다. 기독교인의 물리적인 동시에 포괄적인 신앙은 기독교 신앙을 위한 안내 프로그램을 계획하고 실천하는 데 중점을 두었다. 따라서 기독교 신앙에 대한 교육목회의 교수원리를 주의 관찰하여 기독교 신앙의 인프라를 구축하는 교재가 되기를 기대한다.

* 변화와 연속성 사이에 역동적인 상호작용을 추구한다.
* 출발점은 사람이 만나는 곳이다.
* 가치와 행동, 믿음에 의한 모든 방법을 포함하고 있는 성서는 그의 미래 예측 안에 동시대 사람의 증언을 더하여 전해진 것이다.
* 에큐메니칼 신학과 교육목회는 창조주를 따르는 각 신자 가운데 변화하는 신앙 전통 안에서 민감하게 일깨운다.

각 장의 방법을 진행하면서 다시 한 번 다음 항목을 주목한다.

* 등록: 신앙인의 관계를 펼치기 위해 참석자들은 개회기도로 시작해야 하고 찬송을 하도록 권한다.

* 설명: 토론과 연구를 시작하기 전에, 연구하려는 주제에 대한 소개는 명백한 이해를 위해 자격 부여자가 제출해야 한다.

* 구조: 교수 방법은 새롭게 참석한 개인 참여방식이어야 한다. 또한 쉽게 묻고 질문하면서 논평할 수 있어야 한다.

* 관계: 서로 돕는 관계를 구축하고, 성서를 함께 읽고, 그의 논평을 각각의 등록자와 더불어 공유하는 열정적인 활동을 위하여 본문에 대해 숙고하고, 무엇인가 질문하도록 용기를 북돋아야 한다.

* 탐구: 참석자는 신앙 표현에 있어서 새로운 방법을 배우고, 마음으로부터 깊은 감정을 나타내고, 목표를 공식화하고, 문제를 탐구하기 위해 각 본문에 대한 그의 생활경험 공유를 허락해야 한다

* 강화: 감정을 통한 사역을 위해 참석자는 약간의 간증을 공유하도록 용기를 북돋아야만 한다.

* 계획: 자발적인 활동을 계속하기 위한 습관이 강화되기까지 참석자는 하나님과 선교를 위해 각각의 책무를 나누기도 해야 한다.

* 종료: 과정을 종료하기 위해 관계를 마치기 전, 다시 각 참석자에 대한 관심의 기도를 나눈다.

기독교 신앙의 중요성에 대한 성격에 따라서 과정이 진행되기 때문에 교회에서 충분한 시간을 가져야만 한다. 그래서 참석자는 기독교 원리에 대한 주제 문제를 연구할 수도 있지만 기독교인의 친교를 함께 공유할 수도 있다.

　기독교 신앙에 대한 성서 연구를 지도하기 위하여 가능하다면 자격 부여자는 신학을 공부한 사람이어야 한다.

기독교인(인성: 지, 정, 의)의 실제

제1항 신앙 이해

제1과 현대 사회의 실상

1. 기도의 공유(분담)

하나님은 자유하게 하시는 하나님의 형상에서 기독교 신앙을 이해합니다. 하나님은 우리를 남자와 여자로 창조했습니다. 하나님은 기독교인의 연합과 조화를 바랍니다. 하나님은 이 세상을 돌보라고 위탁하고 하나님의 복을 약속했습니다. 하나님은 기독교인에게 하나님을 아는 인식의 영으로서 예언자의 상상을 설교의 능력과 하나님을 향한 기쁨 안에서 헌신을 위한 사랑의 힘으로부터 나타냅니다.

이 불가사의한 방법은 하나님의 복과 이 세상에서 무엇을 의지하는지 아는 하나님의 지식 그리고 하나님의 말씀 안으로 우리를 부릅니다. 우리를 불러 주셔서 감사합니다. 예수님 이름으로 기도합니다. 아멘. (기도만 한다는 것에 대한 반영과 침묵 기도를 위한 시간을 가진다)

2. 찬송 안에 관심의 공유

"세상 모두 사랑 없어" - #373

3. 주제에 대한 소개

우리 자신이 현대 사회의 어느 지점에 살고 있는지 안다는 것은 중요하다. 기독교인은 하나님의 말씀을 한 손에 소유해야 하고 다른 한 손에 신문을 받아야 한다. 우리는 세상 현실을 무시하지 않아야 한다.

사회의 참된 현실을 이해하기 위해 일반 문화의 모본을 이해하는 것도 기독교인을 위해 필요하다. 세상은 어떤 하나의 사회에서 나타나고 있는 두 가지 특징의 요인을 보인다. 그것은 다음과 같다.

가. 억압 문화

부요의 경제학
억압의 정치
내재성의 종교

나. 해방 문화(이 접합점에, 가능하다면 사용이 가능한 것은 상세히 설명해야 한다)

　　평등의 경제학
　　정의의 정치
　　하나님께 속한 자유의 종교

　하나님 나라가 지구상에 존재할 때까지, 사회의 현실은 전혀 바뀌지 않을 것이다. 억압 문화와 억눌린 자가 항상 있을 것이다. 억눌린 자는 억압 문화로부터 자유로워야만 한다.

4. 하나님의 말씀 읽기

　구약: 열왕기하 5: 13-18, 9: 15-22
　신약: 누가복음 4: 16 -21

5. 하나님의 말씀과 생활체험을 공유(먼저 성서의 본문 이해와 인상을 공유하려고 시도한다)한 다음, 다음 문제를 질문한다.

　가. 억압 문화의 의미가 무엇인지 이해하는가?

　논평(ㄱ): 억압 문화는 일반적으로 사회의 지배계층에 있는 사람들에게 속해 있다. 이 문화에 속한 기독교인은 사회의 통치계층의 사람들과 문학에 그리고 도시에 조금 있다. 이 지배적 억압 문화에 통치

자로 선발된 사람은 귀족의식을 끊임없이 만들어낸다. 그 결과 경제적 착취, 인권 침해와 시민 종교의 범주에 하나님을 감금함으로써 특히, 농어촌의 여인 중에 그리고 심지어 생활신앙공동체에서 가난하고 궁핍한 자 사이에 끊임없이 계속된 고난을 만들어낸다.

　나. 해방 문화의 의미가 무엇인지 이해하나?

　논평(ㄴ): 기독교 문화는 신앙의 문화이다. 그것은 공동체로서 개별적인 분투와 희망, 노동 그리고 기독교인이 신앙 안에서 사는 방법의 이야기이다. 문화는 개념이 되어서는 안 되고, 신앙인의 생기 있고, 역동적인 일상생활이어야 한다. 개념으로서 문화는 정지상태이며, 과거지향의 문화이다. 그것은 활자 분석의 그리고 신학 토론의 대상은 되지만 기독교인의 마음을 접촉하거나 감동시키지 못한다. 기독교 문화는 이스라엘의 자녀와 남성 그리고 여인의 기쁨과 비애에 신앙의 열정을 일으키는 인간의 이야기를 해준다. 문화는 희망찬 미래를 향한다. 따라서 문화는 신앙생활이며, 기독교인 자신이다.

　기독교의 문화는 심지어 고난의 한복판에 구체적인 열정으로 가득하다. 이 구체적이고 다정한 문화만이 기독교 신학의 관심일 수 있다. 따라서 그것은 해방 문화이다. 예수 그리스도는 억압당하는 그들을 자유롭게 하기 위해 그들 중의 한 사람이 되었다. 복음이 자유라면 그들의 공동체에 있어서 해방시키는 문화를 허용하고 억압 문화로부터 기독교인을 자유하게 해야 한다.

다. 우리 자신의 문화가 어디에 속해 있는지 생각하고 있나?

6. 위임의 기도

(누구든지 기도하려는 그에게 이해할 수 있는 기도를 하도록 한다. 기도하는 사람들의 반응은 '사랑의 하나님은 우리의 기도를 듣는다.'라는 것이다.)

7. 위임의 찬송

"주가 지신 십자가를" - #148

8. 폐회기도(함께)

하나님, 아브라함과 이삭과 야곱의 복을 누리게 하옵소서. 마리아로부터 태어난 예수 그리스도의 복과 우리를 자유하게 하는 성령의 복이 우리 모두와 함께 있게 하시니 감사합니다. 예수님 이름으로 감사기도합니다. 아멘.

<교수학습 후, 평가>

제2과 신앙의 전기

1. 기도의 공유(분담)

하나님, 우리의 사회는 경제 문제로 많은 사람들이 어려움을 겪고 있습니다. 이 시대는 고난과 희망이 교차하고 있습니다. 농어민의 어려움, 중소기업의 어려움, 학교의 어려움으로 그들의 요구는 나라의 안과 밖에서 여전히 밤을 새우며 일하고 있습니다.

하나님, 우리는 손을 펼쳐 들어 올립니다. 우리는 목이 마른 땅에서 이 시대의 정의를 갈망합니다. 우리를 돕고 우리를 구하여 주옵소서. 예수님 이름으로 기도합니다. 아멘. (기도만 하는 것에 대한 반영과 침묵 기도를 위한 시간)

2. 찬송 안에 관심의 공유

"내 모든 시험 무거운 짐을" - #363

3. 주제에 대한 소개

기독교 신앙의 전기라고 말하는 때, 기독교인의 고난 이야기는 셀 수 없이 많다. 이 셀 수 없는 고난은 정치적인 억압, 경제적인 착취, 사회의 소외와 교육의 편견에서 유래한다. 한국에서 기독교인이 고난 당하는 한복판에 그리고 세상의 마지막 때에, 기독교인은 고난과 희망, 선교, 삼위일체 하나님, 인간성, 교회, 하나님의 계시, 세상 속에 그들 자신의 형상 양식에 의해 고난받는 원인과 고난의 의미를 이해하기 위하여 배워야만 한다.

4. 하나님의 말씀 읽기

구약 : 출애굽기 1: 8-14
신약 : 마태복음 2: 13-18

5. 하나님 말씀의 공유와 생활 체험을 공유(먼저 성서 본문의 이해와 인상을 나누려고 시도한다)한 다음, 다음 문제를 질문한다.

가. 언제 우리는 고난을 말하며 그 의미는 무엇인가?

우리는 어떤 고난에 관해 이야기하나? (약간의 예를 써두어라.)

나. 기독교 신앙의 몇몇 전기를 말할 수 있나? 생활경험을 이야기하라.

논평(ㄱ): 모든 인간은 그들의 생활에서 고생 전기의 내용을 가진다. 세상은 그들 자신의 이익을 위해 다른 사람들을 착취하고 억압하는 것을 좋아하는 사람들로 가득하기 때문이다. 따라서 많은 사람들은 그들이 착취당하고 억압받는다고 느낀다. 그 감정의 종류는 고난 상태를 합법적으로 구성한다. 동시에 불이익을 당하고 있다고 생각하는 사람들은 부상당하고 병들게 된다. 그리고 그들은 상처와 고통을 느끼고 고난받는 자신을 통해 재난은 확실히 어떤 것을 가지고 온다고 느낀다.

그 밖에 매우 많은 자연재해 예컨대 폭풍, 우박, 지진과 또한 인간의 고난을 초래하는 등, 인간 고생의 원인도 있다. 따라서 모든 인간은 고난을 가지고 태어난다.

다. 고난을 이야기하는 사람들의 의미는 무엇인가? 참으로 그들이 누구인지 이해하는 일을 해야 한다. 자신과 이웃 중에 신앙을 확인한다.

　(1) 정치적으로 억압당하는 사람들:

　(2) 경제적으로 부당하게 이용되는 사람들:

　(3) 사회적으로 소외되는 사람들:

라. 사람들이 고생하고 억압당한다고 느끼는 것은 누구의 과실인가?

그것은 사회의 구조적 죄 때문이거나 그 사람 개인의 죄 때문인가?

마. 사람들은 그들 자신의 고난을 어떻게 극복할 수 있나?

6. 위임의 기도

(누구든지 기도하려는 그에게 이해할 수 있는 기도를 하도록 한다. 기도하는 사람들의 반응은 '사랑의 하나님은 우리의 기도를 듣는다.' 라는 것이다.)

7. 위임의 찬송

"십자가를 내가 지고" - #367

8. 폐회기도(함께)

하나님, 아브라함과 이삭과 야곱의 복을 누리게 하옵소서. 마리아로 부터 태어난 예수 그리스도의 복과 우리를 자유하게 하시는 성령의 복이 우리 모두와 함께 있게 하시니 감사합니다. 예수님 이름으로 기도합니다. 아멘.

<교수-학습 후, 평가>

제3과 죄인임을 인정

1. 기도의 공유(분담)

하나님, 우리를 용서하옵소서. 우리는 죄를 범했습니다. 죄로 인해 우리의 삶이 분노합니다. 죄는 우리의 입술을 통해서 마지못해 나타나고 있습니다. 입은 우리의 수치심에 대하여 고백을 방해합니다. 하나님, 우리를 용서하옵소서. 우리의 죄를 고백하게 하시니 감사합니다. 예수님 이름으로 기도합니다. 아멘. (기도만 하는 것에 대한 반영과 침묵 기도를 위한 시간을 가진다)

2. 찬송 안에 관심의 공유

"주 달려 죽은 십자가" - #147

3. 주제에 대한 소개

사람들이 죄인인 것을 인정하는 것은 기독교 신앙에 있어서 중요하다. 특히, 기독교의 전통에 하나님의 뜻과는 반대로 신앙생활을 하거나 행동하는 사람들은 하나님으로부터 자신을 분리했던 것을 인정하기 때문이다. 한 사람을 변별함에 있어서 사람들은 모두 죄인으로 인식해야 한다. 왜냐하면, 사람들은 항상 하나님의 뜻을 행하는 그 목표에 이르지 못하고 있다. 죄가 분리된 상황에서 죄는 하나님으로부터 분리되어 있으므로 사람들은 자신과 다른 사람들을 오용하고, 파괴하고, 상처를 줄 수가 있기 때문이다.

4. 하나님의 말씀 읽기

구약 : 창세기 3 - 4
신약 : 로마서 1: 16-32; 3: 20

5. 하나님의 말씀 공유와 생활체험을 공유(먼저 성서 본문의 이해와 인상을 공유하려고 시도한다)한 다음, 다음 문제를 질문한다.

가. 사람들을 죄인이라고 말할 때, 그 의미는 무엇인가? 죄는 무엇인가?

논평(ㄱ): 죄는 그 출처를 여러 가지 체험에서 발견한다. 그 강조는 전통적으로 아담과 하와의 타락에 있어서 죄를 범할 마음이 들게 하는 범위를 넘어 뱀에 두고 있다. 하지만 야고보는 사람 안의 유혹을 부추기는 무엇인가 만드는 것으로 나타낸다. "오직 각 사람이 시험을 받는 것은 자기 욕심에 끌려 미혹됨이니"(약 1:14). 이것은 인간의 의사결정 과정인 바로 그 과정에 죄가 위치하는 것이다. 죄는 대인관계 간의 불안으로부터 일어난다. 그래서 신앙의 불안정은 다른 사람들에게 관련된 우려에서 벗어나려고 피한 그 안에 방어적인 체계를 유발한다. 이것은 결국 하나님으로부터 그리고 다른 사람들로부터 분리되고 현실에서 단절되는 경험을 하게 된다.

나. 왜 사람은 자신이 죄인인 것을 인정해야 하나?
(이웃에게 적대하고 하나님에 대항하여 범한 몇몇의 죄를 기록한다.)

다. 우리가 사랑의 실패를 죄라고 말할 때, 그 의미는 무엇인가?

논평(ㄴ): 기독교 신앙의 '사랑' 원리에 대한 실제적인 적용은 하나
님 형상을 이해하려는 것이다. 하나님의 궁극의 형상은 사랑이다. 그
래서 죄의 기초는 사랑의 실패이다. 또는 사랑의 무력한 표현 형식이
거나 곡해일지도 모른다. 사랑이 없거나 구획 지어진 상황은 하나님
의 뜻을 행하려고 결심하는 능력을 없앤다. 하나님에 대한 인식은 일
그러지고 하나님은 적으로 간주되어 하나님을 신뢰하지 못하게 만든
다. 인류 안에서 하나님 형상은 역시 자유를 창조하는 해방이다. 기독
교인은 하나님의 고생을 진실하게 반영하고 자녀의 특권 안에서 하나
님과 협력할 것이다. 심지어 한 사람이 파멸을 가져오는 사랑에 빠지
게 하거나 또 다른 길을 선택할지도 모른다. 그러나 사람들이 죄인인
것을 인정할 때, 하나님을 선택하려는 신앙의 자유를 움직이게 하는
훈련의 진정한 생활을 할 것이다.

6. 위임의 기도

(누구든지 기도하려는 그에게 이해할 수 있는 기도를 하도록 한다.
기도하는 사람들의 반응은 '사랑의 하나님은 우리의 기도를 듣는다.'
라는 것이다)

7. 위임의 찬송

"내 죄를 회개하고" - # 368

8. 폐회기도(함께)

하나님, 아브라함과 이삭과 야곱의 복을 누리게 하옵소서. 마리아로 부터 태어나는 예수 그리스도의 복과 우리를 해방하는 성령의 복이 우리 모두와 함께 있게 하시니 감사합니다. 예수님 이름으로 기도합니다. 아멘.

< 교수학습 후, 평가 >

제2항 성육신의 참된 의미(구원)

제4과 하나님 계시의 언약

1. 기도의 공유(분담)

하나님, 우리는 아침의 표적을 찾으면서 양떼를 돌보며 어두운 사회에서 오랫동안 기다렸습니다. 그리고 우리는 마침내 표적을 가졌습니다. 자녀의 출생! 구세주의 탄생! 신앙의 거듭남! 하나님의 긍휼하심은 어둠에 앉아 죽음의 응달에 사는 우리에게 빛을 비추는 새날을 밝혀주었습니다. 의로움을 밝혀내고 평안의 길로 우리의 발을 인도하시니 감사합니다. 예수님 이름으로 기도합니다. 아멘. (기도만 하는 것에 대한 반영과 침묵 기도를 위한 시간)

2. 찬송 안에 관심의 공유

"슬픈 마음 있는 사람"-#91

3. 주제에 대한 소개

하나님은 지도방침을 최후에 공개하는 약속의 하나님이라고 인정한다면, 우리는 하나님의 계시가 결국 공개된다고 인정해야만 한다. 하나님 계시의 기독교 교리는, 즉 진리의 미래에 대한 기대와 약속의 현장 안에서 종말론적으로 이해해야만 한다. 기독교 신앙의 출발점이 하나님의 계시라면, 진리의 미래에 대한 기대와 약속의 현장에서 이해되는 것이다. 기독교 신앙이 할 수 있는 방법은 결국 공개되는 신앙일 수 있다. 약속은 아직 존재하지 않는 현실의 그리스도 재림을 발표하는 선언이다.

하나님의 말씀인 그리스도 계시는 미래에 실현하게 되는 희망찬 약속으로 이해한다. 그것은 정지 상태의 말에 항상 반박하는 역동적인 단어이다. 따라서 이 언약의 계시와 맞물려 있는 기독교 신앙은 내재(어디나 있는)의 신학보다 더 분명한 언약의 신학이다.

4. 하나님의 말씀 읽기

구약 : 출애굽기 3: 1-15
신약 : 빌립보서 2: 6-11

5. 하나님의 말씀 공유와 생활체험을 공유(먼저 성서의 본문 이해와 인상을 공유하려고 시도한다)한 다음, 다음 문제를 질문한다.

가. 하나님은 누구인가?

나. 얼마나 많은 우상이 거기에 있나?

다. 삼위일체 하나님의 의미는 무엇인가?

　삼위일체 하나님의 사람 됨됨이를 써라.
　　성부 하나님을 하나님으로
　　성자 하나님을 하나님으로
　　성령 하나님을 하나님으로

라. 하나님의 본성에 대해 언급할 수 있나? 몇 구절의 성서를 찾는다. 참고로, 예를 들면, "하나님은 사랑이다."를 붙인다(요한일서 4:8).

마. '진리의 약속'을 말하는 때의 의미는 무엇인가?

논평(ㄱ): 진리는 기독교인을 위한 약속의 진리이다, 우리의 누구도 온전(건강)한 진리를 쥐지 않았다. 이 결정력이 없고 억제할 수 없는 발단에서 시작된 기독교 신앙은 위험을 무릅 쓰고 도전하는 신앙이다. 하나님의 신학은 위험을 무릅 쓰고 도전하는 신학이 아닌가? 하나님은 예수 그리스도(계시)의 성육신에서 시작된다. 우리가 예수 그리스도의 성육신을 진지하게 취급한다면, 우리는 그것이 위험하고 체험적이라는 것을 인정해야 한다. 빌립보서 저자가 예수 그리스도의 성육신을 기술할 때, 그는 말한다.

"그는 근본 하나님의 본체시나 하나님과 동등됨을 취할 것으로 여기지 아니하시고 오히려 자기를 비어 종의 형체를 가져 사람들과 같이 되었고 사람의 모양으로 나타나셨으매 자기를 낮추시고 죽기까지 복종하셨으니 곧 십자가에 죽으심이라, 이러므로 하나님이 그를 지극히 높여 모든 이름 위에 뛰어난 이름을 주사, 하늘에 있는 자들과 땅 아래 있는 자들로 모든 무릎을 예수의 이름에 꿇게 하시고, 모든 입으로 예수 그리스도를 주라 시인하여 하나님 아버지께 영광을 돌리게 하셨느니라."(빌 2: 6-11).

바. 하나님의 계시에 대한 의미가 무엇인지 이해하나?
　(내가 하나님의 계시를 이해했던 방법을 써라)

논평(ㄴ): 하나님 계시는 신앙의 약속에 대해서만 아니라 역사 안으로 밝혀내었던 하나님 계시는 기독교인을 통해 많이 일으킨다. 해방시키는 말씀의 하나님 계시는 히브리인(사회학적으로 habiru와 ochlos)이라고 불리는 기독교인을 통해 구전되었다. 하나님의 말씀, 성서는 기독교 신앙의 전기를 통한 하나님 계시이다. 이와 같이 새신자의 신앙 여정을 시작하는 데서 하나님의 계시가 상부구조보다 오히려 사회의 하부구조에 의해 기독교 신앙까지 왔다는 것을 배우는 것은 중요하다.

사. 전통적으로 기독교는 두 종류의 하나님의 계시를 정의한다. 그것은 무엇인가?

　(1)특별계시
　(2)자연계시

왜 하나님의 이 두 계시를 구획 지어야 하나?

아. 다른 생활종교는 하나님 안에 그들 자신의 계시를 가지고 있나? 가지고 있다면, 그것은 무엇인가?

6. 위임의 기도

(누구든지 기도하려는 그에게 이해할 수 있는 기도를 하도록 한다. 기도하는 사람들의 반응은 '사랑의 하나님은 우리의 기도를 듣는다.'라는 것이다.)

7. 위임의 찬송

"달고 오묘한 그 말씀" - #235

8. 폐회기도(함께)

아브라함과 이삭과 야곱의 하나님의 복을 누리게 하옵소서. 마리아로부터 태어난 예수 그리스도의 복과 우리를 자유하게 하시는 성령의 복이 우리 모두와 함께 있게 하시니 감사합니다. 예수님 이름으로 기도합니다. 아멘.

단어의 정의

성서-성서는 하나님의 말씀이다. 그래서 성서는 하나님 중심이다. 성서는 평화, 정의와 사랑의 생활양식을 우리에게 가리켜 보여주고, 우리와의 관계를 확립하기 위한 하나님의 노력으로 우리들에 대한 하나님의 계속적인 탐구로 알게 된 격언과 노래, 역사, 이야기를 수집한 것이다. 성서는 하나님이 역사에 출현했던 방법에 대한 정보의 교재뿐 아니라 그 결과로 하나님의 본성에 관한 기독교 신자의 최고 교재이다. 성서는 권위가 있다고 증명하는 하나님의 진리의 기준이며 진리의 교재이다.

성서는 교회(가시적인 교회)이고 교회의 책이라는 오류에 빠지기 쉽다. 그래서 하나님의 은혜와 말씀의 보물은 정보 내용에 의해 선언했던 권위의 말씀으로 증언하려고 오류에 빠지기 쉬운 용기(육체)에 깊이 간직한다. 기독교인은 하나님 안에서 아는 것이 무엇이며, 하나님이 하신 일이 무엇 때문인지 알고 있다. 하나님은 그들에게 성실하심을 약속하고, 하나님의 백성과 이야기를 나누고, 예수 그리스도를 통해 세상의 이스라엘을 구했다. 기독교인은 하나님 속죄의 사랑에 대해 하나님이 기독교 신자에게 말하는 것을 들으려고 기독교인의 귀를 성서에 적응시킨다. 더 나아가, 성서는 "*하나님의 감동으로 된 것*

으로 교훈과 책망으로 바르게 함과 의로 교육하기에 유악'하다(디모데후서 3:16).

성서는 하나님에 관한 우리 지식의 중심 위치에 있기 때문에, 성서는 기독교신앙을 위한 가이드 프로그램에 있어서 매우 중요하다. 그것은 예수 그리스도의 목회와 생활에서 최고조에 도달시키는 하나님 구원 역사의 힘있는 행동을 목격하는 것처럼 특별한 계시이다. 기독교인은 의미와 함께 풍부한 생활을 할 수 있는 영적인 자양물을 성서에서 발견하기 때문에 하나님은 성서를 통하여 기독교인에게 말을 한다.

기독교인의 형편이 성서 구절의 역사적인 배경과 매우 닮았을 때, 하나님의 실존은 기독교인에게 새로이 다가온다. 기독교 신앙의 교본은 성서가 가진 두 언약, 그것은 66권의 책을 포함한 구약과 신약이다.(성서 66권 제목을 기억하고 그것을 써두어라)

구약 :
신약 :

제5과 성육신의 참된 의미

1. 기도의 공유(분담)

하나님은 학대를 받는 자의 변호인, 억눌린 자의 속전인, 포로의 의지인 그리고 공격으로부터 보호받는 요새라고 우리가 하나님을 부릅니다. 우리의 삶의 모든 길에서 하나님을 경험합니다. 하나님, 성령께서 하나님의 말씀으로 우리 안에 오시니 감사합니다. 예수님 이름으로 기도합니다. 아멘. (기도만 하는 것에 대한 반영과 침묵 기도를 위한 시간)

2. 찬송 안에 관심의 공유

"거기 너 있었는가?" - # 136

3. 주제에 대한 소개

성육신의 하나님 여정은 '말씀'이 육체가 되는 여정이다. '말씀'이 육체가 되는 여행은 동정심이 있고 겸손한 자와의 여행이다. 이 여행에서 하나님이 자기를 낮추고 인간이 되었기 때문이다. 육체에 대한 '말씀'으로부터의 이 움직임과 더불어 하나님은 세상 그들에게 열정과 위대한 사랑을 보여주었다. 따라서 성육신은 그 외에 무엇이든지 하나님의 전향일 수 있다. 인간에 대해 그들 성직의 위치에서 하나님의 이동 행사는 "말씀이 육체가 되는" 데 있기 때문이다. 이동과 전향으로서의 성육신은 변화가 가능한 것을 의미한다.

성육신의 하나님은 그들 자신을 공간부터 공간까지, 때로부터 때까지 이동하는 전항의 하나님이다. 변환이 쉽도록 도우시는 하나님이 성육신의 이 하나님이지 않겠나? "나는 스스로 있는 나"라고 부른 가변성의 하나님이 하나님이지 않나? 복음은 이 가변성의 하나님 말씀이 육체가 되는 그래서 변화가능한 복음이다. 사도 바울은 이 불가사의 한 가변성을 이러한 방식으로 내놓는다.

"약한 자들에게는 내가 약한 자와 같이 된 것은 약한 자들을 얻고자 함이요 여러 사람(그리고 여인)에게 내가 여러 모양이 된 것은 아무쪼록 몇몇 사람들을 구원코자 함이니."(고린도전서 9: 22)

4. 하나님의 말씀 읽기

구약 : 출애굽기 3: 15
신약 : 요한복음 1: 1-13

5. 하나님의 말씀 공유와 생활체험을 공유(먼저 성서 본문의 이해와 인상을 공유하려고 시도한다)한 다음, 다음 문제를 질문한다.

가. 예수 그리스도는 '말씀'이 육체가 된 사람이라고 말할 때, 어떻게 이해하나? (자신이 알고 있는 방법을 아래에 쓰라)

나. 하나님이 자신의 위험을 무릅 쓰고 인간이 되려고 감행했다면, 그 방법을 신학사상으로 바꿀 수 있는가?

논평(ㄱ): 신학은 하나님에 관한 연구를 인간에 의해서 하게 되는 과학이다. 얼마나 오랫동안 신학은 안정되고 수줍어하는 상태로 남아 있었나? 더 나아가, 얼마나 복음은 변하지 않을 수 있었나? 가변성의 복음은 성육신의 복음이다. 복음의 가변성은 성서의 세계로부터 다른 문화의 세계로 이행할 때, 다른 세계를 바뀌게 하는 것뿐만 아니라 변화 자체를 걸쳐가는 것이다.

복음은 강력하다. 복음은 새로운 가치를 창조하는 인간의 공공단체를 바꿀 뿐만 아니라 사람들의 마음을 바꾸기도 한다. 그러나 복음은 변화를 입증하게 된다. 변화를 입증하는 복음은 다루기 어려운 일일 것이다. 복음은 하나의 상황에만 꼭 맞을 수 있다. 그것이 본래의 상태로 직사각형이면 그것은 둥그런 원에 잘 맞지 않을 테고, 그렇다고 그것이 흰색이라면 그것은 결코 검정색 또는 갈색일 수 없다.

다. 당신은 무슨 신학 입장의 부류에 소속한다고 생각하고 있나?

라. 복음의 핵심은 무엇인가?

논평(ㄴ): 복음의 핵심은 하나님이 세상에 온다는 것이다. 하나님이 인간성 안에서 육체가 되려고, 신앙인 모두에게 오는 하나님 역시 예수 그리스도를 통해 육체화된다. 그것은 신앙 가운데 십자가 위의 예수에게서 하나님의 놀라운 목적성의 심한 몸부림을 시험하는 위험에 대해 담대한 하나님이다. 그러나 하나님이 위험을 각오함으로 미래와 소망을 품은 세상과 사람들은 구원된다.

마. 오늘 나에게 있어서 성육신 신학의 의미는 무엇인가?

6. 위임의 기도

(누구든지 기도하려는 그에게 이해할 수 있는 기도를 하도록 한다. 기도하는 사람들의 반응은 '사랑의 하나님은 우리의 기도를 듣는다.' 라는 것이다)

7. 위임의 찬송

"오 베들레헴 작은 골" - # 120

8. 폐회기도(함께)

아브라함과 이삭과 야곱의 하나님의 복을 누리게 하옵소서. 마리아로부터 태어난 아들 예수 그리스도의 복과 우리를 자유하게 하시는 성령의 복이 우리 모두와 함께 있게 하심을 감사합니다. 예수님 이름으로 기도합니다. 아멘.

단어의 정의

구원-구원 의미는 사람들이 하나님의 은혜에 의해 세상의 죄로부터 구해지게 될 뿐만 아니라 신앙인은 하나님의 자녀로서의 양자가 됨을 말한다. 하나님이 신앙인을 향한 예수 그리스도에게서 유일한 제물을 본다. 예수 그리스도 안에서 하나님은 인간의 심령에 있어서의 무질서를 고치고, 모든 생활의 새로운 가능성을 열기 위해 필요한 것을 주었다. 온전한(건강한) 창조의 실제 역사와 인간의 역사는 지금 예수에게서 하나님의 일하심에 의해 만들어짐으로부터 생각할 수 있다. 한때, 사람의 구원에 이르는 길에 대해 예수 그리스도 안에서 밝혀지는 방법에 따라 사는 것이라고 알았다. 하나님의 은혜에 의한 신앙인의 속죄는 이 그리스도로부터 하나님 나라까지 앞당기는 사랑의 하나님의 절대적으로 의로운 위임을 통해서 오는 구원의 최상의 과제이다.

생활에서 회개하고 돌이키지만 생활이 그대로 있을지 모른다는 것은 하나님의 가장 깊은 부분의 존재 안에 있는 여기서 지금 이루는 목표와 이 땅에 대한 하나님의 다스림이 전혀 실현될지도 모른다는 것과 같다.

예수 그리스도가 구세주인 것을 믿어야 하는 것은 기독교 신앙에 대한 가이드 프로그램에 있어서 중요하다. 구원은 자신의 죄에 관한 일과 관계가 있다. 구원은 사람들이 얼마나 선한가에 결정되지 않는다. 그것은 자기 의를 가져오고 도덕성보다 오히려 도덕주의가 되기 때문이다. 그것은 다른 사람에 의한 것과 같이 우리들 자신의 관계와 하나님의 문제이다. 그리고 이것은 정의뿐만 아니라 사랑의 조건에서 측정된다. 예수께서 구세주인 것은 하나님 안에 내주하는 살아계신 말씀이 세상에 더 내재하게 되고, 그리스도의 이름 안에서 위대한 예배를 하도록 백성을 이끄는 사역을 하기 때문이다.

    <교수-학습 후, 평가>

제3항 교회 공동체

제6과 교회 공동체의 형상

1. 기도의 공유(분담)

하나님, 우리의 고백을 듣기 원합니다. 우리는 교회 지도자의 신앙 고백을 통해 변화되기도 합니다. 우리는 어느 옷이든지 갈아입는 그 이상으로 몹시 변하고 싶어합니다. 교회의 머리인 그리스도 안에 계시는 하나님의 말씀은 우리 안에 믿음을 줍니다. 우리는 세상에서 하나님의 말씀의 가르침과 하나님의 말씀을 전하게 하시니 감사합니다. 예수님 이름으로 기도합니다. 아멘. (기도만 하는 것에 대한 반영과 침묵 기도를 위한 시간)

2. 찬송 안에 관심의 공유

"교회의 참된 터는" - #242

3. 주제에 대한 소개

기독교 문화의 신앙생활공동체인 교회는 새로운 형상이다. 사람들은 세상에 현존하는 기독교인의 본성을 이 새로운 발의를 고려하지 않고 충분히 파악할 수 있다고 믿지 않는다. 여기서 중대한 신학의 쟁점은 교회를 그저 개개인으로 인정하지 말고 하나의 집단실체인 기독교 공동체의 실체로 성육신을 인정해야만 한다. 우리가 교회라고 가르치고 믿었던 하나의 거룩하고 보편적인 사도의 교회는 그리스도의 몸이다.

4. 하나님의 말씀 읽기

구약 : 여호수아 24: 1-27
신약 : 요한복음 15: 1-16

5. 하나님 말씀의 공유와 생활체험을 공유(먼저 성서 본문의 이해와 인상을 공유하려고 시도한다)한 다음, 다음 문제를 질문한다.

가. 교회의 머리는 누구인가?

논평(ㄱ): 교회의 머리인 나사렛 예수는 유대인의 가족으로 태어났다. 종교적이고 문화적으로 그는 유대인이었다. 그것은 개별적인 술어에 성육신 의미이다. 그러나 기독교 역사에 누구든지 친밀한 사람과 같이 그것을 빨리 알아차릴 수 있는 것처럼, 마틴 루터와 존 칼빈 그리고 요한 웨슬레 같은 신앙 개혁자들은 아프리카와 한국과 폴리네시아와 중세의 유럽인 그리고 다른 수많은 길에서 생생하게 묘사될 수 있다는 의미이다.

나. 오늘의 교회는 무엇인가? 혹은 누가 교회인가?

논평(ㄴ): 그리스도의 몸인 생활신앙공동체로서의 교회는 형체가 없는 전적으로 영적인 그리스도가 아니라 육체화한 사람이다. 이 의미는 생활신앙공동체가 하늘에 있는 것이 아니라 세상에 있는 것이며, 거기에 귀족의식을 구성하는 지배적인 문화가 있다는 것이다.

다. 거기에 보통 두 종류의 교회가 있다. 그들은 무엇인가?

　(1) 보이는 교회
　(2) 보이지 않는 교회

라. 왜 두 교회의 차이를 구별해야 하나?

6. 위임의 기도

(누구든지 기도하려는 그에게 이해할 수 있는 기도를 하도록 한다. 기도하는 사람들의 반응은 '사랑의 하나님은 우리의 기도를 듣는다.'라는 것이다.)

7. 위임의 찬송

"내 주의 나라와" - #246

8. 폐회기도(함께)

아브라함과 이삭과 야곱의 하나님의 복을 누리게 하옵소서. 마리아
로부터 태어난 아들 예수 그리스도의 복과 우리를 해방시키는 성령의
복이 우리 모두와 함께 있게 하심을 감사합니다. 예수님 이름으로 기
도합니다. 아멘.

단어의 정의

교회-교회는 하나님을 섬기고 예배하려는 공동체 양식으로 하나님
에 의해 부름받은 신앙인들이다. 그래서 기독교 교회의 성직 수임 명
령은 그리스도의 사역을 계속한다 그 여러 가지 기능을 통해 하나님
께 더 민감한 신앙인이 되어 세상에서 그리스도 사역을 계속하게 한
다. 교회는 하나님의 목표를 위임받고 싶어하는 사람들, 신앙인으로
이루어진다. 신앙인의 누구라도 신앙생활에 있어서 예배, 성령의 공동
체 의식, 그 가르침, 목사 보조, 선교사의 이상과 전 세계에 미치는 전
망이 포괄적이다. 교회는 그리스도의 몸이다. 그리고 모든 신앙인은
그리스도 몸의 지체이다. 교회가 자신의 성령의 위로하심으로 상처를
고치는 것처럼, 교회는 하나님의 목표에 맞출 수 있을 것이다. 교회는
하나님의 뜻을 행하기 위한 하나의 의미이다. 교회는 영성과 도덕

적 가치를 가르치고 기독교 사역을 구체적으로 표현한다.

　예수 그리스도는 참으로 교회와의 조화에 나타나며 교회 구성원으로 나타난다. 교회는 공동체이며, 의례적인 헌신으로 유지하고 확장하며 그리고 예수에 의해 생성되는 세력의 현장을 강화한다. 그와 같은 공동체 신앙인에게 자신의 존재를 구성하는 예수의 실존을 체험시키고 세력의 현장으로 접목한다. 교회의 주요한 목표 중의 하나는 설득력 있는 선포로 모든 사람들이 하나님께 돌아오게 하는 데 있다. 그리고 하나님에 의해 역동적인 관계로 새롭게 진전되어 거듭나는 성인이 되고, 성결(경건)한 기독교 신앙인이 된다.

　세상에 하나님의 주권이 임하기를 원하는 신앙인에게는 영적 성취와 도덕적 가치를 위해서, 국가와 개인 사이의 관계를 위해서, 인간의 온전함(건강함)의 성취를 나타내려고 교회에 소속하기 위해서 기독교 신앙 가이드 프로그램은 중요하다.

　기독교인이 되도록 교회 밖에서 신앙 가이드 개발프로그램을 적용하여 실천하기는 어렵다. 신앙인 자신의 삶에 어떤 새로운 영적 투자도 수반하지 않고 자신이 집계한 자료에 자신의 삶을 의지하려는 것만으로 만족할 때, 그들은 위험한 분야를 계속 걸어갈 수 있다. 교회는 상호간에 지원할 수 있고 예수 그리스도의 교회에서 지적인 봉사와 헌신에 의해 향상시킬 수 있어야 한다.

　< 교수학습 후, 평가 >

제7과 삼위일체 하나님

1. 기도의 공유(분담)

하나님, 주님의 가치를 식별하는 어려움이 있습니다. 주님의 계시가 영으로 임할 때, 쉽게 감지되지도 않고 진심으로 받아들이게 되지도 않습니다. 심지어 그리스도가 오실 때도, 영혼과 몸 안에 주님의 가치를 드러내면서 그리스도의 지체가 될 수 없습니다. 하나님은 참으로 존경하고 예배하는 하나님임을 알고 있습니다. 하나님, 항상 함께 하옵소서. 예수님 이름으로 기도합니다. 아멘. (기도만 하는 것에 대한 반영과 침묵기도를 위한 시간)

2. 찬송 안에 관심의 공유

"십자가에 달리신" - # 143

3. 하나님

하나님은 복음(해방이 가져오는 자유의 좋은 소식)이다. 하나님 없이 어떤 복음도 없다. 이 하나님은 그 자신이 인간성에 대해 우리에게 알려져 있기를 원한다. 인간은 평화, 정의, 사랑 등 하나님 궁극의 관심을 이해하지 않는다. 하나님의 유일한 방법은 하나님 자신인 성령을 통하여 우리에게 나타내는 인간과 의사소통하는 것이다. 더 구체적으로, 육체화한 하나님은 세상에서 인간 사이에 생활하는 예수 그리스도 안에 나타나신 하나님이시다. 하나님은 예수 그리스도를 통하여 세상에 다시 오려고 십자가에 못 박히고, 매장되고 부활하여 승천했다. 그래서 하나님을 말할 때, 보통 삼위일체 하나님을 의미한다. 창조주 하나님(말씀), 속죄자 하나님(예수 그리스도) 그리고 위로자 하나님(성령)이다.

4. 하나님의 말씀 읽기

구약 : 창세기 1 - 2
신약 : 요한복음 1: 1-18

5. 하나님의 말씀 공유와 생활체험을 공유(먼저 성서 본문 이해와 인상을 공유하려고 시도한다.)한 다음, 다음 문제를 질문한다.

가. 창조주 하나님을 기술할 수 있나?

논평(ㄱ): 전통적으로 구약에서 밝혀지는 활동하시는 창조주를 하나님으로서 부르곤 한다.

나. 어떻게 창조주 하나님이 예수 그리스도의 인간됨에 육체화되었다는 것을 알 수 있나?

논평(ㄴ): 세상의 고생과 아픈 상황 안에서 예수 그리스도의 생활을 이야기하는 의미심장한 의미를 확실히 만들어주었다. 역사적인 예수의 실재생활이 고난에서 반영되어야만 할 것을 그리스도인이 증언하도록 부름받았다는 사실을 표현했다. 이 예수는 그들의 고생, 아픔과 죄로부터 모두 인간을 해방하는 사(속죄주)이다. 그렇기 때문에 엄밀히 분별해서 복음은 메시아 예수의 고난과 그의 열정을 자세히 이야기하는 예수의 목회 그리고 생활의 이야기를 자세히 말하며, 메시아는 고난받는 메시아로 설명한다. 예수 그리스도의 생활과 목회를 한마디로 말해 어떻게 요약할 수 있는지 묻는다면, 단지 예수 그리스도는 해방을 시키는 자유자라고 대답할 수 있다. 따라서 하나님의 해방은 모든 사람에게 복음으로 와서 그 자체를 성취하며, 예수의 해방에서 그 자신을 명시한다. 복음의 내용이 예수 그리스도의 이름 이외의 아무것도 아니라면, 예수의 이름이 하나님을 위한 인간 해방과 인간을 위한 하나님의 해방을 나타낸다고 말할 수도 있다.

예수 그리스도의 이름은 '임마누엘'이다. 즉 하나님은 하나님과의 관계 밖에 있는 인간에 대해 고려하지 않을 수 있다. 그리고 인간은 하나님과의 관계없는 고려를 하지 않을 수 있다. 더 나아가, 하나님의 '임마누엘'(하나님은 고생하는 사람들과 같이 있다)의 신앙고백은 예수 그리스도의 성육신(하나님은 육체가 된다)의 신앙체험으로 시작된다. 신앙인이 성육신의 신앙체험을 이해하는 한, 하나님의 인간성은 기독교 이해에 더없이 중요하다. 하나님은 성찬식에 마음속으로부터 인간의 동참을 위해 역시 고생하는 하나님이 되어야만 한다. 하나님이 인간이 된 이후, 모든 인간의 해방자이어야만 하는 예수 그리스도는 단순한 사실인 이 의미를 포함할 것이며, 교회가 많은 문화의 전통으로부터 그리고 모든 사회계층에서 인류의 온갖 종류와 상황을 채

택해야만 하는 교회에 우주적인 성격을 주는 데서 그 연합된 신앙인을 부르기 위해 그 자신이 말하는 보편적인 신앙을 가능하게 한다.

하나님은 그리스도 수난의 극적 효과의 반복과 역사 안에 다른 하류 인간시대에 점진적으로 들어갈 수 있는 생활방법으로 신앙을 밀어붙이는 하나님이다. 그리스도의 죽음은 인간성이 있는 성직 관계의 심미적 관심이나 모욕당하는 명예의 보상을 열망하는 하나님 의지의 요구사항이 아니라 범죄였다.

다. 성령을 어떻게 이해하나?

논평(ㄷ): 성령은 인간의 사회와 세속적인 명령을 끊임없이 지원하는 하나님 능력이다. 성령은 인간생활의 증여자이다. 사람들이 죄에 빠질 때, 하나님의 자녀가 되게 하는 성령을 통해 하나님은 인간을 변화시킨다.

라. 토론 조성

   (1) 일하고 있는 하나님을 어떻게 볼 수 있나?
   (2) 하나님은 무엇을 하고 있다고 생각하나?
   (3) 하나님에 대해 무엇을 말할 수 있나?
   (4) 살기 위한 의미는 무엇인가?

6. 위임의 기도

(누구든지 기도하려는 그에게 이해할 수 있는 기도를 하도록 한다. 기도하는 사람들의 반응은 '사랑의 하나님은 우리의 기도를 듣는다.' 라는 것이다)

7. 위임의 찬송가

"피난처 있으니" - #79

8. 폐회기도(함께)

아브라함과 이삭과 야곱의 하나님의 복을 우리에게 허락해 주옵소서. 마리아로부터 태어난 아들 예수 그리스도의 복과 우리를 해방시키는 성령의 복이 우리 모두에게 함께 하심을 감사합니다. 예수님 이름으로 기도합니다. 아멘.

< 교수-학습 후, 평가 >

제4항 하나님께 성실(기도)

제8과 예수 그리스도는 주이다

1. 기도의 공유(분담)

하나님, 구세주가 되심을 감사합니다. 하나님께서 우리의 주로서 우리의 삶을 선한 길로 인도하셔서 감사합니다. 예수님 이름으로 기도합니다. 아멘.(기도만 하는 것에 대한 반영과 침묵 기도를 위한 시간)

2. 찬송 안에 관심의 공유

"구주를 생각만 해도" - #85

3. 주제에 대한 소개

예수 그리스도는 모두 다른 하나님의 창조물뿐만 아니라 하나님은 새신자의 삶에 주권을 가진 주라는 의미이다. 예수 그리스도는 하나님의 의지를 충분히 알지 못한 자신의 전부를 무조건 위임함으로 구원의 방법을 보여주었다. 그를 소중히 둔 곳에는 예수에 대해 비길

만한 것이 없다. 모든 사람은 하나님의 자녀이지만 예수의 개방성, 즉 구세주를 믿고 순종하는 그에게 사랑을 구하려는 결정이 창조주 하나님을 반영하게 한다. 예수는 교회의 주권을 갖지만 그는 하나님만큼 세상의 주와 새신자의 주로 보인다. 기독교는 세상 안에 그의 대리행위와 하나님 본성의 계시로서 그리스도인의 생활을 하도록 이끈다.

예수는 죽음을 포함한 모든 위협에 있어서 분리를 극복하는 자신과 세상을 조정하는 하나님이기 때문에 신앙의 주권자이다. 예수의 권위를 그리스도 안에서 체험한 하나님 안에 있는 신앙인의 길은 구속에 있어서 해방의 대행자 예수의 능력에 있다.

'예수 그리스도가 주'라고 믿는 것은 새신자 육성을 위한 지도력 개발에 중요하다. '예수 그리스도는 주'가 의미하는 신앙인의 모든 생활에 있어서 온갖 관계를 완전히 지배하여 달라고 말하기 위해 진행한다는 것이다. 영적으로 성숙하기 위해 신앙인의 삶의 주권자인 예수로부터 사람들의 믿음을 끌어올린다.

하나님의 사랑은 설득력이 있는 힘과 함께 작용하고 있을 때마다, 신앙의 주권자이다. 신앙인은 하나님을 제외하고 세상을 변형시키려고 행동하지 않는다. 하나님은 우주에 있어서, 역사에 있어서 그리고 주권자로서 신앙인의 삶에 존재하기 때문이다.

4. 하나님의 말씀 읽기

구약 : 이사야 53: 6
신약 : 요한복음 3: 16-14: 6

5. 하나님의 말씀 공유와 생활체험을 공유(먼저 성서의 본문 이해와 인상을 공유하려고 시도한다)한 다음, 다음 문제를 질문한다.

가. 예수 그리스도가 구세주라고 참으로 믿는가?

예:

아니요:

나는 모른다:

논평(ㄱ): 구주 예수 그리스도는 나사렛 예수를 따르는 자들 사이에 일종의 제일 신조였다. 그 안에서 그들이 믿는 그리스도로 간주한 '주'를 의미한다. 거의 모든 신약은 그 단어로 구성한다.

나. 기독교인이 된다는 의미는 무엇인가?

6. 위임의 기도

(누구든지 기도하려는 그에게 이해할 수 있는 기도를 하도록 한다. 기도하는 사람들의 반응은 '사랑의 하나님은 우리의 기도를 듣는다.' 라는 것이다)

7. 위임의 찬송

"나는 예수 따라가는" - #387

8. 폐회기도(함께)

아브라함과 이삭과 야곱의 하나님의 복을 누리게 하옵소서. 마리아로부터 태어나는 아들 예수 그리스도의 복과 우리를 해방시키는 성령의 복이 우리 모두와 함께 있게 하심을 감사합니다. 예수님 이름으로 기도합니다. 아멘.

<교수학습 후, 평가>

제9과 하나님께 성실

1. 기도의 공유(분담)

하나님, 우리가 항상 하나님 앞에 충실한 것을 도와주소서. 예수님 이름으로 기도합니다. 아멘. (기도만 하는 것에 대한 반영과 침묵 기도를 위한 시간)

2. 찬송 안에 관심의 공유

"오랫동안 모든 죄 가운데 빠져" - #206

3. 주제에 대한 소개

신자는 인간생활에 하나님의 모델로서 그리스도를 진지하게 취한다면, 민족을 통한 하나님 사역을 특히, 대중을 통해 어느 정도 이해하는 것이 필요하다. 하나님이 예수 그리스도를 통하여 했던 창조 사역은 하나님의 모든 사람들 안에서 여러 가지 자격을 주기 위해 실행하는 것이다.

하나님은 창조적 실존과 변형시키는 사회의 관계 그리고 개인 간의 체험을 향한다. 신앙인이 있는 연대관계는 사람됨에 더 의미가 있을 뿐만 아니라 그들도 하나님과의 관계를 만든다. 하나님께 신자 개인의 성실성이 참으로 활동적일 때, 그들의 신앙은 하나님의 정의와 사랑을 반영한다. 신앙 관계가 향상 신뢰와 소망이 되는 용기, 온유, 친절, 사랑, 승인의 자질이 있을 때, 그들은 신앙생활에 있어서 하나님 성육신의 표적이다.

성령 하나님에게서 또는 위/아래에서 언제 신앙인이 탄생하는지 결정하는 것은 어렵다. 하나님의 실존은 개방성 또는 필요성이 허락하는 만큼 신앙을 확립하거나 끌어당기고 있다. 어떤 시대이든지 그리스도 안에서 하나님과의 여정에 대한 신앙생활에 회개와 신뢰를 설정할 수 있다. 요한복음은 사람들이 하나님으로부터 태어남을 가능하게 하는 성령의 독창성에 대해 말한다.

신앙인은 그리스도 안에서 하나님과의 관계를 알고 있을 때, 그들의 신앙생활에서 다른 사람들을 만나는 관계에 대해 민감해지는 존재이다. 사도 바울에게 있어서 신앙인은 마음을 갱신하여 소유하고 더 탁월한 방법으로 사랑의 방법을 선택한다. 그리고 신앙인은 '그리스도를 닮아' 다른 것에서 영적 성장의 한 수준에서 옮겨지거나 그리스도 안에서 성장한다. 언제나 실존하는 살아 계신 하나님과의 이 역동적인 관계에 있어서 신앙인은 하나님께 지속적으로 돌아가 회개하고, 용서와 갱신을 통해 변화한다. 따라서 예수 그리스도로부터의 신앙인의 행동과 더 많은 사람들과의 관계는 더 완전한 하나님 형상을 더욱 반영한다.

이 부문은 기독교 신앙을 위한 가이드 프로그램에 있어서 중요하다. 왜냐하면 사람들 사이의 관계 특히, 대중과의 관계가 그들이 인간이 되고, 성숙에 이르는 영적인 성장을 의미한다면, 그때부터 하나님에 대한 신자 개인의 성실성은 하나님의 사람들과의 관계와 신앙생활의 자질에 의해 궁극적으로 측정되기 때문이다.

신앙 지도자는 그들이 지도하는 신앙의 크기로 성인 연구를 교회학교에 효과적으로 적용할 수 있다. 하나님의 은혜는 인간의 통로를 통해 신앙인에게 까지 다다르기 때문에 사람이 목표가 아니라 가치로 대하여 고찰한다. 신앙인이 직면하는 방법이 신체 언어, 접촉, 돌봄의 용어 안에서 불신하거나 믿거나를 가능하게 한다. 자녀에 대해 가장 빠른 영향은 행동에서 부모의 신앙을 표현하는 것이다. 단어가 이해될 수 있을 때, 그들은 사랑의 필요를 확신하거나 그들에게 반박을 한다.

4. 하나님의 말씀 읽기

구약 : 창세기 42-43
신약 : 로마서 14: 1-9, 마태복음 6: 5-15

5. 하나님의 말씀 공유와 생활체험을 공유(먼저 성서의 본문 이해와 인상을 공유하려고 시도한다.)한 다음, 다음 문제를 질문한다.

가. 어떤 종류의 생활양식을 닮고 싶은가?

나. 사는 이유는 무엇인가?

다. 하나님을 위해 죽을 수 있나?

라. 신앙생활의 매일을 위해 하나님과 의사소통을 얼마나 하나?

마. 기도가 무엇인지 이해하나?

6. 위임의 기도

(누구든지 기도하려는 그에게 이해할 수 있는 기도를 하도록 한다. 기도하는 사람들의 반응은 '사랑의 하나님은 우리의 기도를 듣는다.' 라는 것이다.)

7. 위임의 찬송

"주의 약속하신 말씀 위에서" - #399

8. 폐회기도(함께)

아브라함과 이삭과 야곱의 하나님의 복을 누리게 하옵소서. 마리아로부터 태어나는 아들 예수 그리스도의 복과 억눌린 자를 해방시키는 성령의 복이 우리 모두와 함께 있게 하심을 감사합니다. 예수님 이름으로 기도합니다. 아멘.

단어의 정의

기도-기도는 사람들이 하나님과 의사소통하는 본선 채널이다. 역사와 사람들의 삶을 위한 하나님의 지도와 방침을 식별하기 시작하고 하나님께 돌아와 듣는 것은 하나님이 있는 데서 사람들의 가장 깊은 생각, 소원과 기쁨, 관심을 서로 이해하는 것이다.

이 기도의 정의는 가장 깊고 가장 넓은 이유로 가장 적합하다. 하나님의 영은 사람들의 마음속으로부터 표시를 알고 있으며, 하나님의 뜻을 알고 있다. 하나님은 기도하는 사람들이 하나님과 왕복도로 방향의 의사소통을 가능하게 한다. 기도는 성령에 의해 하나님의 능력 안에서 기도하고 성령 안에서 기도를 가능하게 한다. 기도하는 사람들의 마음 속으로부터 그 표시를 아는 신앙인을 위하여 기도하는 사람들의 능력이 되는 하나님을 반대할 수 있는 어떤 일도 없게 한다.

기도는 하나님이 구별하는 능력이 있다고 미리 추정한다. 그것은 그러므로 기도하는 사람들을 통해 안에서 신앙인을 들어 올리는 돌봄과 그 돌봄을 중단할 수 있는 것이, 짐을 더 이상 나를 수 없는 신자 자신의 다리와 어깨처럼 보일 때, 신앙인이 하나님의 능력을 알게 되는 길이다.

기도는 모든 문제에 직면하는 사람들에게 힘을 준다. 교육목회에 직면하는 용기, 친구에게 악한 일을 고백하는 힘, 신앙의 파트너가 없게 하는 특징을 제거하는 능력, 업무에서 새로운 모험을 시도해보는 유인 또는 불의와 억압의 여러 가지 종류에 직면하는 자극물은 하나님과의 성찬으로부터 발산하는 힘의 분별에서 올 수 있다.

기도는 창조적 과정으로 넘치는 사람들을 돕는다. 그들이 하나님의 종이 되는 것을 돕는다. 기도는 필연적 행사와 직면하여 위로의 근원이다. 기도는 성찰과 변화의 방법이다. 사람들은 세상에서 가치의 성장 이유가 무엇인지에 대해 기도해야만 한다. 그리스도인은 예수님 이름으로 기도한다. 기도는 항상 신앙의 목표에 관해서 하나님의 목표를 확신한다.

기도는 기도하는 사람들에게 알맞은 자기-지식, 자기-절제와 위임의 안정성을 준다. 사람들이 깊이 고민할 때, 그들의 개인기도에 대해 갱신 강조를 첫 수로서 내놓게 된다. 기도는 사람들이 난처해질 때, 일어나는 본질적 사항이다.

기도를 통해 신앙인은 순전한 과제(하나님 나라)에 영적 사역의 효율을 증대한다. 또한 기도를 통해 사람들은 그리스도 안에 신자의 동일한 가치에 의해 모든 기독교인에 속하여 의식적으로 현실화하는 일치: 에큐메니칼 신앙을 가져온다. 기도를 통해 우선 미래의 하나님 나라인 유한한 현실에서 지금 바로 하나님을 통해 극복하는 소명이다.

기도는 기독교 신앙을 위한 가이드 프로그램에 중요하다. 기도 없이 어떤 기독교인의 성숙도 없기 때문이다. 기독교는 장애물에 직면하여 완전한 인격을 봉헌할 수 있는 힘을 준다. 이 힘의 중심에는 헌신의 생활이 있다. 사람들은 하나님께 돌아와 평생토록 힘을 찾는다. 기도는 우주의 목적에 자신의 위치를 조정하고 하나님의 목표에 공개되어 있다. 기도, 그 기도는 기본적으로 하나님에 대한 태도이다. 하나님은 신자와 있다는 느낌의 유인에 대한 반응이다. 신자가 기도할 때, 태도는 신앙인의 가장 깊은 속의 자신을 변화시키고, 재조정하고, 장려하고, 인도하여 기독교 신앙인의 인격을 바꾸는 영적 권능에 이끌려 창조된다. 그래서 신앙인은 하나님의 예배에 자신을 봉헌할 수 있다.

기도는 사람들의 신앙을 바꾸는 것이지 하나님의 뜻을 바꾸는 것이 아니다. 기도는 하나님과 특가품을 제작하거나 마술이 아니다. 기도는 사회의 책임을 받아들이기 위한 지름길이 아니다. 기도는 일의 대체물이 아니다. 인간과 사회의 조건이 채워지지 않는 한 이 과정이 있음직한 기도에 대한 해답은 있을 수 없다. 기도는 행동으로 이끌어간다. 그리고 기도의 효과를 우리는 객관적으로 유효하게 본다.

기도는 자연의 채널을 통해 기대하지 않은, 겉으로 보기에 기적적인 결과로 이끌어갈 수 있다. 기도는 기독교 신앙 가이드 프로그램의 중심이다. 기도는 인간의 유기체로서 하나님과 신앙인의 관계이기 때문에 세상의 창조적 가치를 향한 과정에 도전을 주기 시작한다. 신앙인에 대한 하나님을 대상으로 본 결과만큼 신앙에 전념할 수도 있다. 기도하는 동안 사람들은 하나님 앞에 집중한다. 신자는 어디든지 있는 하나님이 사람들과 함께 여기에도 있다고 식별을 한다.

기도의 4 유형(자신의 기도를 써두려고 시도한다)
  (1) 고백의 기도
  (2) 감사의 기도
  (3) 청원의 기도
  (4) 중재의 기도

<교수-학습 후, 평가>

제5항 기독교 선교의 재구성(복음 전도)

제10과 이웃 사랑

1. 기도의 공유(분담)

사랑의 하나님, 우리에게 신앙생활을 공유하고 사랑하고 돌보려는 문화, 유색 인종과 종족, 백성의 선물을 주었습니다. 자신에게 묻습니다. 우리의 형제, 우리의 자매는 어디에 있습니까?(침묵)

우리는 두려움과 부끄러움에 자신을 숨길 수밖에 없습니다. 미움과 전쟁, 굶주림, 가난은 이 땅을 지배하려고 합니다. 이산가족, 억눌린 자와 자신의 형편을 표현하는 소리가 없는 사람들은은 하나님께 기도합니다.

사랑의 하나님, 우리를 용서하옵소서. 또한 우리 자신에게와 서로에게 우리를 화해하게 하옵소서. 사랑의 창조주 하나님, 때가 찬 모든 것과 세상과 그 안에 사는 사람들과 우리를 가르치옵소서. 하나님 나라에서 신앙생활을 하도록 우리를 인도하여 주옵소서. 예수님 이름으로 기도합니다. 아멘. (기도만 하는 것에 대한 반영과 침묵 기도를 위한 시간)

2. 찬송 안에 관심의 공유

"사랑하는 주님 앞에" - #278

3. 주제에 대한 소개

이웃의 사랑은 규칙, 원리에 대한 고찰에 더하여 그리고 심지어 십계명을 참작하여 작용한다. 정의 표현 형식의 사랑은 선민뿐만 아니라 낯선 사람과 나그네와 모든 사람에 대한 보편적인 개인 관심이다. 하나님 앞에서 모든 그리스도인이 알고 있는 것은 약한 사람, 궁핍한 자, 상처받은 자에 대해 비난만 하고 하나님의 의에 어떤 긍휼도 없다는 것이다. 사랑이 없는 곳에 새신자는 하나님의 뜻을 행하지 않고 인간성을 채워주지 않는다. 정의는 사랑이 필요한 상황이다. 그것은 "그리스도를 닮는" 것이며, 각 기독교인의 구도자료로서 충분히 접근 가능한 생활을 하도록 맞추어 준다.

새신자 육성을 위한 지도력 개발에 있어서도 매우 중요하다. 하나님이 새신자를 사랑하기 때문에 일상생활에서 동일한 사랑을 표현하려는 것이다. 이웃 사랑은 결국 새신자를 지도자로 이끈다. 거기에 어떤 영적인 성숙 없이는 어느 것도 수반하지 않는다. 확실히 근거가 있는 기독교는 건강한 인간 환경에 스며들어 영향을 주려고 한다. 신앙생활에 하나님의 영광을 반영하는 광채는 햇빛을 반사하고 있는 보석처럼 빛난다. 가족을 사랑하는 방법으로 다른 모든 사람을 사랑하는 것은 가능하지도 않고 실제적이지도 않은 것처럼, 이웃에 대한 사랑은 새신자가 느끼는 방법에 관계없이 사랑하거나, 그들의 요구에 희생을 개의치 않고 감정적이 아닌 사랑을 필요로 한다. 착한 사마리아인은 이런 사랑의 탁월한 예이다.

현장 목회에 사랑은 풍부하다. 기술과 시간 그리고 새신자의 헌금과 더불어 인정을 유발하는 것과 자비롭게 지원하는 것은 칭찬할 만하다. 어쨌든, 개인의 난처한 일에 물질과 더불어 돕는 것은 동료 인간에게 의미심장하게 필요하다.

4. 하나님의 말씀 읽기

구약 : 창세기 4: 1-16
신약 : 마태복음 6: 1-4, 고린도전서 13

5. 하나님의 말씀 공유와 생활체험을 공유(신자는 먼저 성서 본문의 이해와 인상을 공유하려고 시도한다)한 다음, 다음 문제를 질문한다.

가. 이웃은 누구인가?

나. 이웃은 나의 적이 될 수 있나?

다. 이웃은 불교도와 유학자가 될 수 있나?

(나는 "예" 또는 "아니요" 어느 쪽이든지 설명할 이유가 있나?)

6. 위임의 기도

(누구든지 기도하려는 그에게 이해할 수 있는 기도를 하도록 한다. 기도하는 사람들에 대한 반응은 '사랑의 하나님은 우리의 기도를 듣는다.'라는 것이다.)

7. 위임의 찬송

"인류는 하나 되게" - #272

8. 폐회기도(함께)

아브라함과 이삭과 야곱의 하나님의 복을 누리게 하옵소서. 마리아로부터 태어나는 아들 예수 그리스도의 복과 우리를 해방시키는 성령의 복이 우리 모두와 함께 있게 하심을 감사합니다. 예수님 이름으로 기도합니다. 아멘.

<교수-학습 후, 평가>

제11과 기독교 선교의 재구성

1. 기도 안에 공유(분담)

하나님, 우리는 전도 활동을 무시했습니다. 세상은 우리가 필요하고 우리는 세상이 필요합니다. 그것은 하나님의 창조물이기 때문입니다. 모든 인류가 구원받아야 할 필요가 있다는 사실을 우리가 알게 하옵소서. 예수님 이름으로 기도합니다. 아멘. (기도만 하는 것에 대한 반영과 침묵 기도를 위한 시간)

2. 찬송 안에 관심의 공유

"저 북방 얼음 산과" - #273

3. 주제에 대한 소개

인간의 문화는 성육신의 문화뿐만 아니라 창조의 문화이다. 인격이 없고 행사가 없다는 것은 이 성육신 창조를 배제하기 때문이다. 인간의 역사도 하나님의 창조에서 시작되어 예수 그리스도의 수난과 부의 성육신 참여를 통해 계속되는 하나님의 역사이다. 역사 안에서 하나님의 성육신과 창조는 하나님 활동이 특별한 사람의 사건들에서 구체적으로 표현된다. 창조부터 성육신을 위한 하나님의 이 활동은 태초 이후 계속되고 있다. 성육신과 창조는 연대기적 간격에 의해 두 개로 나뉘어 분리된 본체라고 간주하지 않지만 하나님의 동일한 행위와 한 사람의 두 시점에 있다.

하나님의 복음을 증언하는 기독교 선교는 그에 따라 성육신과 창조의 전망으로부터 미리 알려져야만 한다. 즉 인간의 역사 안에 하나님의 관여하심이다. 성육신 창조 틀은 하나님보다 작은 인간 역사 안에 들어오는 하나님의 위험한 각오이다. 그때부터 기독교 선교는 생활신앙공동체(교회) 선교이어야만 한다. "교회는 하나님의 사랑과 정의에 대해 고백을 명령하지 않는다." 기독교 선교는 한국인이 지난 2세기 동안 받아들이는 선교와 완전히 다른 선교이어야 한다.

그것은 성육신과 창조의 선교이다. 그러나 교회의 영토확장의 선교는 아니다. 성육신의 선교는 사도 바울이 빌립보 신자들에게 그의 서신에 기술했던 자신을 비운 선교이다.

오히려 자기를 비어 종의 형체를 가져 사람들과 같이 되었고(빌 2: 7).

기독교 선교는 무엇을 선교할 것인가? 기독교 선교는 성육신의 종의 형상을 가진 선교인가? 기독교 선교는 배타적인 복음으로 확정된 문화의 단계에 어떻게 머물 수 있나? 기독교 선교는 자신을 비운 종의 형상을 취한 이 열린 성육신으로부터 어떻게 발달할 수 있나?

기독교 선교는 이런 이유로 하나님의 기구로서 그리스도의 교회와 하나님 선교로 간주되어야만 한다. 기독교인도 교회도 진리와 복음을 줄 수 없지만, 성육신의 스며듦과 창조의 둘러쌈 안에서 세상에 알릴

수 있는 하나님 자신은 복음과 진리이어야 하고 하나님은 복음과 진리인 것을 바란다. 이 언약 복음을 위한 기독교 선교는 인간의 역사와 인간의 문화를 알게 되는 역시 열린 선교이다.

인간의 역사와 문화를 알게 되는 선교는 본질적으로 육체가 된 말씀의 선교이다. 그것은 육체가 된 말씀의 선교와 이 선교의 끝과 처음만이 하나님 선교(missio Dei)로 확인될 수 있다. 하나님의 선교는 예수에 따르면, 억눌린 자와 죄인, 가난한 자에 대한 선교이다. 새신자는 그의 선교를 그가 어떻게 기술하는지 알기 위해 예수의 말을 들어야 한다.

주의 성령이 내게 임하셨으니 이는 가난한 자에게 복음을 전하게 하시려고 내게 기름을 부으시고 나를 보내사 포로된 자에게 자유를, 눈먼 자에게 다시 보게 함을 전파하며 눌린 자를 자유케 하고 주의 은혜의 해를 전파하게 하려 하심이라(누가복음 4:18-19).

그래서 열린 복음을 전한다. 대신에 무엇이든지 새신자는 정의할 수 있다. 그것은 억눌린 자에게 자유를, 눈먼 사람에게 빛을, 포로에게 자유를, 가난한 자에게 좋은 소식의 복음을 전하는 것이다. 복음은 그림 또는 시, 아름다운 음악의 장으로서 중성화될 수 없다. 그것은 공기 중에 날아다니는 개념으로써 요약할 수 없다. 그러나 억압당하고, 눈멀고, 갇힌, 가난한 자에게 자신을 동일시하고, 고난받는 사람들에게 참여하는 역동적인 행동이다. 동일시와 참여의 역동적인 행동은 해방의 행동이며 세상에 하나님 나라를 이끌고 성직자상을 만드는 인간으로 회복하려고, 새로운 인간성, 인간 존엄을 찾기 위해 기독교 신자를 공개하는 복음에 허용된 기능이다.

기독교 선교는 그래서 교회의 선교중심 전통의 입장으로부터 새로운 현장으로, 그들의 기쁨과 축하, 그들의 절규와 고통, 사람들의 생활에서, 문화적인 전망에서, 기독교 선교를 재구성하기 위해 옮겨야만 한다. 이 일상적으로 고난받는 사람들을 향한 선교가 예수 그리스도의 선교가 아닌가? 사람은 기독교 선교의 주체이며 복음의 주제와 기독교 신학의 주제이다. 기독교 선교와 기독교 신학의 교회일치운동은 기독교인과 이교도 사이의 구별에서도, 복음과 문화의 개념적 토론에서도 남아 있어서는 안 되지만 그들의 일상생활에 있어서 모든 인간의 만남운동이어야 한다.

4. 하나님의 말씀 읽기

구약 : 창세기 12: 1-3
신약 : 누가복음 4: 18-19

5. 하나님의 말씀 공유와 생활체험을 공유(신자는 먼저 성서 본문의 이해와 인상을 공유하려고 시도한다.)한 다음, 다음 문제를 질문한다.

가. 왜 하나님으로부터 복 받기를 원하는가?

나. 신앙의 복과 더불어 무엇을 할 것인가?

다. 기독교 선교가 주위에 모든 사람에게 무엇을 한다고 생각하는가?

라. 왜 선교를 해야만 하나?

6. 위임의 기도

(누구든지 기도하려는 그에게 이해할 수 있는 기도를 하도록 한다. 기도하는 사람들에 대한 반응은 '사랑의 하나님은 우리의 기도를 듣는다.'라는 것이다.)

7. 위임의 찬송

"물 건너 생명줄 던지어라" - #258

8. 폐회기도(함께)

아브라함과 이삭과 야곱의 하나님의 복을 누리게 하옵소서. 마리아로부터 태어나는 아들 예수 그리스도의 복과 우리를 해방시키는 성령의 복이 우리 모두와 함께 있게 하심을 감사합니다. 예수님 이름으로 기도합니다. 아멘.

단어의 정의

복음주의-복음주의가 설교를 제한하지 않는다는 점에 유의할 필요가 있다. 모든 것을 포함하는 복음주의 기독교인 또는 교회는 함께 생활하고, 봉사, 예배에서 복음을 전하게 하려고 불렀다.

복음주의는 "하나님의 말씀을 이론적으로 오랫동안 전하는 것이 당연했던 그 후부터 그리스도를 듣고 받아들였다. 그러나 사실 실제생활은 그렇지 않았다." 새신자가 맹목상의 기독교인이거나 그들 자신이 그리스도에게 관계없다는 사람들을 만나는지, 그들 자신이 교회 구성원 자격이 없다는 사람들을 만나는 지에 상관없이 교회 안과 밖의 둘 다 들추어내려는 과제는 처음부터 그들에게 적용된 하나님의 은혜와 사랑이 있는 장소이다. 그들은 단지 모든 결과와 함께 현실을 받아들이도록 부름받았을 뿐이다.

기독교인으로 새신자는 모든 사람에게 하나님에 관한 그리스도의 지식을 나누어줄 의무가 있기 때문에 기독교인의 성숙을 위해 신앙공동체 안에 있는 사람들과 더불어 신앙생활을 시작하면서 "성숙한 기독교인은 다른 사람들과 하나님에 대해 성장하는 사랑을 논증할 것이다."

실제적인 적용은 공공연히 본보기를 보이며 복음을 선언하는 그리스도의 몸인 교회와 기독교인의 과제이어야 한다. 그것은 인격 안에 성육하신 하나님과 복음을 선언하는 복음전도자(각각의 기독교인)이며 그들은 복음의 진리가 드러나는 생활을 한다.

<교수학습 후, 평가>

제12과 고난과 소망

1. 기도 안에 공유(분담)

희망의 하나님, 우리가 만난 이때의 고난이 하나님의 나라에서 보여주는 영광과 비교할 만한 가치가 없다는 것을 알고 있습니다. 우리가 희망찬 신앙생활을 하도록 인도해주옵소서. 하나님, 우리는 하나님의 자녀이기 때문입니다. 예수님 이름으로 기도합니다. 아멘. (기도만 하는 것에 대한 반영과 침묵 기도를 위한 시간)

2. 찬송 안에 관심의 공유

"고생과 수고가 다 지난 후" - #289

3. 주제에 대한 소개

고난과 희망은 인간으로서 신앙인의 가장 깊고 가장 복잡한 현실을 포함하는 두 개의 순박한 단어이다. 그것은 온갖 위대한 선지자와 신앙지도자의 주제였다. 모든 세대의 철학자는 그들이 의미하는 것을 토의했다. 중국의 현인은 정의의 사람이 세상에서 희망을 어떻게 발견할 수 있는지 묻는다. 마찬가지로 예수를 영접할 뿐만 아니라 모든 민족에게 희망을 주려는 인간의 재앙과 고난에 처한 구약의 욥과 연대하기도 한다.

사람들에게 고난과 희망의 주제가 현대사회에서 특별한 의미를 가지는 것처럼 보인다. 희망의 필요와 고난이 있는 곳은 역사상의 어떤 앞선 시대보다 더 밀치고 나아가 널리 퍼져야 한다. 거기에 홍수와 기근, 지진, 그 외에 끊임없는 소외, 착취, 억압이 항상 있었던 것은 사실이다. 그리고 한 사람의 신앙인에 대해서 많은 도시와 나라의 대중은 더 큰 문제를 제기할 수 있다.

고난의 형태는 한국에 두드러지게 많다. 많은 사람들이 정치적으로 그리고 종교적으로 억압당하고 경제적으로 착취당한 이후, 한국의 교회는 일용노동자의 고난 위기에 대처하는 능력이 부족하다. 그리고 그 것은 대중에게 희망을 제공할 어떤 자료도 없다. 수백만의 한국인에게 생존을 위한 단순한 싸움은 그들의 삶에 우선 초점을 맞추는 일이다.

4. 하나님의 말씀 읽기

구약 : 이사야 53: 1-12
신약 : 마가복음 15: 33-41

5. 하나님의 말씀 공유와 생활체험을 공유(먼저 성서 본문의 이해와 인상을 공유하려고 시도한다.)한 다음, 다음 문제를 질문한다.

가. 신앙인들은 고난 가운데 희망을 품거나 고난받음에도 불구하고 계속 희망을 품어야 하나?

나. 신앙인들은 음식을 위해 쓰레기 더미를 들여다보고 있는 노숙

자를 대면할 때, 제공하는 희망이 무엇인가?

　다. 고난을 공유하는 사람들만 희망을 알고 있나?

　라. 위의 모든 기초적인 신학 문제에 있어서 예수 그리스도는 한국인의 고난과 희망의 어디에 있나?

6. 위임의 기도

　(누구든지 기도하려는 그에게 이해할 수 있는 기도를 하도록 한다. 기도하는 사람들에 대한 반응은 '사랑의 하나님은 우리의 기도를 듣는다.'라는 것이다.)

7. 위임의 찬송

"내 주의 지신 십자가" - #365

8. 폐회기도(함께)

　아브라함과 이삭과 야곱의 하나님의 복을 누리게 하옵소서. 마리아로부터 태어나는 아들 예수 그리스도의 복과 우리를 해방시키는 성령의 복이 우리 모두와 함께 있게 하심을 감사합니다. 예수님 이름으로 기도합니다. 아멘.

　<교수-학습 후, 평가>

기독교 신앙에 대한 안내 프로그램의 교수-학습 및 평가

((토론 참여자))
박성철(철) 원주 참된교회 교육담당
좌영섭(좌) 신학대학교 3학년 재학
박성민(박) 높은뜻숭의교회 아동부 교사
정휘국(정) 온누리교회 새신자반
고요한(고) 생명의교회 중, 고등부 교사
한승복(한) 부천 생명의교회 교육담당
임익귀(임) 연지교회 찬양팀 리더

제1과 세상의 현실

준비물 - 성경책, 필기도구

프로그램 진행표

시 간	제 목	내 용	인도자	비 고
20:00~ 20:10	친교의 시간	Sharing Life		기뻤던 일, 즐거웠던 일, 슬프고 고민되었던 일을 나누고 함께 기도함. Open Mind.
20:10~	기도의 공유	하나님의 지식과		

시 간	제 목	내 용	인도자	비 고
20:15	(분담)	하나님의 말씀 안으로의 부르심		
20:15~ 20:20	찬송 안에 관심의 공유	세상 모두 사람 없어 (373징)	다 같이	
20:20~ 20:25	주제에 대한 소개	세상 현실의 문화 이해		억압 문화와 해방 문화에 대한 이해
20:25~ 20:30	하나님의 말씀 읽기	구약-왕하 5:13~18, 9:15~22 신약-눅 4:16~21		인도자가 봉독
20:30~ 21:10	하나님의 말씀과 생활체험을 공유 그리고 질문	가) 사람들의 억압 문화에 대한 의미가 무엇인지 이해 하는가?		A: 가진 자와 그렇지 못 한 자의 발생에 따른 빈 부격차와 계급구조 간의 갈등
		나) 우리는 참으로 해방 문화 에 의한 의미가 무엇인지 이 해하는가?		A: 공동체의 일원, 억압 받는 자들과 함께하는 세속 문화, 기독교 신학 이 참된 해방 문화이다
		다) 우리는 문화가 어디에 속 해 있는지 생각하고 있는가?		정: 사회적 빈부격차를 고려할 때, 절대적 억압 문화 속에 있다. 고: 재림하실 예수님을 바라보며 신앙공동체를 이루고 있는 우리는 해 방 문화 속에 있다
21:10~ 21:15	위임의 기도	억압하는 문화 속에 있는 우리 가 구주 예수 그리스도의 이름 으로 참된 해방의 문화 속에 거하게 하옵소서		
21:15~ 21:20	위임의 찬송과 폐회기도	주가 지신 십자가를 (148장)	다 같이	폐회기도 주기도송

제2과 신앙의 전기

준비물 - 성경책, 필기도구.

프로그램 진행표

시 간	제 목	내 용	인도자	비 고
20:00~ 20:10	친교의 시간	Sharing Life		하루 동안 있었던 일 중, 가장 기억에 남는 일 한 가지씩 나누기
20:10~ 20:15	기도의 공유 (분담)	이 시대의 정의를 갈망하는 우리와 함께하시길 기도함		
20:15~ 20:20	찬송 안에 관심의 공유	내 모든 시험 무거운 짐을 (363장)		3부 혼성 (소프라노, 테너, 알토)
20:20~ 20:25	주제에 대한 소개	억압받는 사람들의 고생의 원인과 의미를 이해		정치적인 억압, 경제적 인 착취, 사회의 소외와 교육의 편견
20:25~ 20:30	하나님의 말씀 읽기	구약-출 1:8~14 신약-마 2:13~18		인도자가 봉독
20:30~ 21:10	하나님의 말씀과 생활체험을 공유 그리고 질문	가) 언제 우리는 고생을 말하 며, 그 의미하는 것이 무엇을 하는지? 어떤 류의 고생에 관 해 이야기하나? (약간의 예를 써 두어라)		박: 우리의 뜻대로 안 될 때, 고생한다는 의미 를 사용한다(학생회 일 에, 마음을 같이하여 일 하는 사람이 없을 때) 한: 몸이 힘들 때(내 몸 무게에 맞지 않는 물건 을 들어 나를 때)

시 간	제 목	내 용	인도자	비 고
		나) 우리는 신앙의 몇몇 전기를 말할 수 있나? 생활경험을 이야기하라		대표적으로 6.25전쟁으로 인한 남북분단 (같은 교회 성도들 중에 이산 가족의 아픔을 가진 이들과, 전쟁의 후유증으로 고생하는 이들이 있다)
		다) 이야기하는 사람들의 의미로 우리는 무엇을 하나? 우리는 참으로 사람들이 누구인지 이해하는 일을 해야 한다. 우리 자신과 우리의 이웃 중에 약자들을 확인한다		(1)정치적으로 억압당하는 사람들 박: 재개발 선포지역으로 억압받는 무허가지역의 주민들 (2)경제적으로 부당하게 이용되는 사람들 좌: 옛날 조선시대 머슴제도 (3)사회적으로 소외되는 사람들 고: 가지지 못한 자
		라) 사람들이 고생하고, 억압당한다고 느끼는 것은 누구의 과실인가? 그것은 사회의 구조적 죄 때문이거나 그 사람 개인의 죄 때문인가?		두 가지 다 원인이 될 수 있다. 창세기 3장에는 인간이 하나님과의 단절을 택하는 모습을 볼 수 있다(원죄). 그리고 그러한 인간은 가정을 통해 사회를 구성하여 나간다
		마) 어떻게 사람들은 그들 자신의 고난을 극복할 수 있나?		창조주 하나님 앞에 자신의 죄와 허물을 고백

시 간	제 목	내 용	인도자	비 고
				하고 회개하고 자신의 삶에 감사해야 한다. 그리고 자신에게 주어진 상황에 최선을 다해야 한다
21:10~21:15	위임의 기도	사랑의 하나님, 고난받는 주의 백성들을 돌아보소서. 주 예수 그리스도의 이름으로 기도하옵나이다. 아멘.		사랑의 하나님은 우리의 기도를 듣는다
21:15~21:20	위임의 찬송과 폐회기도	십자가를 내가 지고 (367장)	다 같이	폐회기도는 주기도송

제3과 사람은 죄인임을 인정

준비물 - 성경책, 필기도구.

프로그램 진행표

시 간	제 목	내 용	인도자	비 고
20:00~ 20:10	친교의 시간	Sharing Life		사역현장 또는 학교에서 있었던 가장 기억나는 일 한 가지씩 나누기
20:10~ 20:15	기도의 공유 (분담)	우리가 죄인 됨을 고백하는 기도		하나님께 죄를 고백함으로 용서를 구함
20:15~ 20:20	찬송 안에 관심의 공유	주 달려 죽은 십자가 (147장)		
20:20~ 20:25	주제에 대한 소개	하나님과 분리되어 있는 사람들은 모두 죄인이다		하나님의 뜻을 행하는 그 목표에 이르지 못하는(하나님과 분리됨) 사람은 죄인이다
20:25~ 20:30	하나님의 말씀 읽기	구약창 3~4 신약-롬 1:16~32 3:20	다 같이	한 절씩 윤독
20:30~ 21:10	하나님의 말씀과 생활체험을 공유 그리고 질문	가) 사람을 죄인이라고 말할 때, 그 의미는 무엇인가? 죄는 무엇인가?		인간은 자유의지를 갖게 되었다(창 3장). 그러한 자유의지 가운데 인간은 사랑과 죄 둘 중에 죄를 선택하였다. 이것이 인간에게 주어진 가장 최초의 죄이다

시 간	제 목	내 용	인도자	비 고
		나) 왜 우리는 사람들이 죄인인 것을 인정하나? 우리는 우리의 이웃에게 적대하고 하나님에 대항하여 범한 몇몇의 죄를 기록한다		하나님의 형상인 사랑하는 모습을 이루지 못한 우리들의 모습을 통해 신자는 자신이 죄인임을 인정한다. 다른 사람의 과실을 비웃으며, 비방하고 이웃의 물건을 빼앗고, 시기하고, 사기 치고, 무자비한 죄
		다) 우리는 사랑의 실패가 죄라고 말할 때 그 의미는 무엇인가?		하나님의 궁극 형상은 사랑이다. 그래서 죄의 기초는 사랑의 실패다
21:10~ 21:15	위임의 기도	사랑의 하나님, 주님을 멀리 떠나 죄 가운데 빠져 방황하는 저희들을 불쌍히 여기소서		자신의 죄를 생각하며 침묵으로 5분간 묵상기도 후 인도자가 마무리
21:15~ 21:20	위임의 찬송과 폐회기도	내 죄를 회개하고 (368장)	다 같이	폐회기도는 주기도송

제4과 하나님 계시의 참된 언약

준비물 - 성경책, 필기도구.

프로그램 진행표

시 간	제 목	내 용	인도자	비 고
20:00~ 20:10	친교의 시간	Sharing Life		일주일 동안 가장 기억에 남는 일을 나눈다
20:10~ 20:15	기도의 공유 (분담)	죄인들을 위한 하나님의 구원의 약속		
20:15~ 20:20	찬송 안에 관심의 공유	슬픈 마음 있는 사람 (91장)	다 같이	
20:20~ 20:25	주제에 대한 소개	계시된 하나님의 언약		하나님 말씀인 그리스도 계시는 미래에 실현하게 되는 희망찬 언약으로 이해한다
20:25~ 20:30	하나님의 말씀 읽기	구약-출 3:1~15 신약-빌 2:6~11	다 같이	구약(한승복), 신약(박성철) 봉독
20:30~ 21:10	하나님의 말씀과 생활체험을 공유 그리고 질문	가) 하나님은 누구인가?		한: 처음이요 마지막(사 48:12) 또한 스스로 있는 자(출 3:14) 고: 죄 가운데 있는 인간을 구원하시는 능력의 하나님 좌: 억압받는 백성들을 해방시키는 구원자

시 간	제 목	내 용	인도자	비 고
		나) 얼마나 많은 우상이 거기에 있나?		거기가 어딜 뜻하는지 잘 몰라요(문제를 이해하지 못했음)
		다) 삼위일체 하나님에 대한 의미로 우리는 무엇을 하나? 삼위일체 하나님의 사람 됨됨이를 써라		성부 하나님을 이 세상 만물을 창조하시고 주관하시는 하나님으로, 성자 하나님을 죄로 인해 분리된 인간과의 관계를 회복시키시는 하나님으로, 성령 하나님을 우리 삶 가운데 역사하시고 그의 말씀을 행하시는 하나님으로
		라) 나는 하나님의 본성에 대해 언급할 수 있나? 몇 구절의 성서를 찾는다.		고: 창조주 하나님(창 1:1) 정: 사랑의 하나님(요일 4:8)
		마) 우리가 '진리의 약속'을 말하는 때, 그 의미로 우리는 무엇을 하나?		예수 그리스도의 재림의 때
		바) 우리는 참으로 하나님의 계시에 대한 의미가 무엇인지 이해하나?(내가 하나님의 계시를 이해했던 방법을 써라)		한: 그냥 마음으로 믿어지고 이해됨(모태신앙) 정: 고침의 체험, 찬양하며 경배할 때, 하나님의 임재를 느낌(구체적 체험)

기독교 신앙에 대한 안내 프로그램의 교수학습 및 평가 81

시 간	제 목	내 용	인도자	비 고
		사) 전통적으로 기독교는 두 종류 하나님의 계시를 정의한다. 그들은 무엇인가? (특별계시와 자연계시)		잘 모르는 내용이라 못 했음
		아) 다른 생활 종교는 하나님 안에 그들 자신의 계시를 가지고 있나? 가지고 있다면, 그것은 무엇인가?		불교는 부처로부터 영생극락의 계시를 받음 천주교는 내세의 평안에 대한 계시를 받음
21:10~ 21:15	위임의 기도	죄 가운데에서 구원하시는 하나님의 사랑의 언약이 우리 삶에 실현되는 그날까지 우리들의 삶이 하나님을 향하게 하옵소서		
21:15~ 21:20	위임의 찬송과 폐회기도	달고 오묘한 그 말씀 (235장)	다 같이	폐회기도는 주기도송

단어의 정의

성서-성서는 하나님의 말씀이다. 성서는 우리와의 관계를 확립하기 위한 하나님의 노력으로서, 하나님의 본성에 관한 신자의 최고 교재이다. 성서는 권위가 있다고 증명하는 하나님의 진리의 기준 그리고 진리의 교재이다.

성서는 "*하나님의 감동으로 된 것으로 교훈과 책망으로 바르게 함과 의로 교육하기에 유악*"하다(딤후 3:16).

성서는 하나님에 관한 우리 지식에서 중심 위치에 있기 때문에, 성서는 기독교 신앙 가이드 프로그램에 있어서 매우 중요하다. 그것은 예수 그리스도의 목회와 생활에서 최고조에 도달시키는 하나님 구원 역사의 힘 있는 행동을 목격하는 것처럼 특별한 계시이다.

기독교의 신앙은 성서가 가진 두 언약, 그것은 66권의 책을 포함한 구약과 신약에 있다.

구약: 창세기, 출애굽기, 레위기, 민수기, 신명기, 여호수아, 사사기, 룻기, 사무엘상, 하, 열왕기상, 하, 역대기상, 하, 에스라, 느헤미야, 에스더, 욥기, 시편, 잠언, 전도서, 아가, 이사야, 예레미야, 예레미야애가, 에스겔, 다니엘, 호세아, 요엘, 아모스, 오바댜, 요나, 미가, 나훔, 하박국, 스바냐, 학개, 스가랴, 말라기.

신약: 마태복음, 마가복음, 누가복음, 요한복음, 사도행전, 로마서, 고린도전후서, 갈라디아서, 에베소서, 빌립보서, 골로새서, 데살로니가전후서, 디모데전후서, 디도서, 빌레몬서, 히브리서, 야고보서, 베드로전후서, 요한일이삼서, 유다서. 요한계시록.

제5과 성육신의 참된 의미

준비물 - 성경책, 필기도구.

프로그램 진행표

시 간	제 목	내 용	인도자	비 고
20:00~ 20:10	친교의 시간	Sharing Life와 저녁 식사		주일 사역 중, 가장 기억에 남는 일을 나눠보았다
20:10~ 20:15	기도의 공유 (분담)	우리의 구세주 되신 하나님을 찬양합니다		
20:15~ 20:20	찬송 안에 관심의 공유	거기 너 있었는가? (136장)	다 같이	
20:20~ 20:25	주제에 대한 소개	오실 메시야에 대한 언약의 말씀(구약)을 행함으로, 육체가 됨으로 실현시키시는 하나님(신약)		구약-사 53:4~6 신약-요 1:1~14
20:25~ 20:30	하나님의 말씀 읽기	구약-출 3:15 신약-요 1:1~13		인도자 봉독
20:30~ 21:10	하나님의 말씀과 생활 체험을 공유 그리고 질문	가) 예수 그리스도는 '말씀'이 육체가 된 사람이라는 말을 할 때, 우리는 어떻게 이해하나? (내가 그것을 알고 있는 방법 을 아래에 쓰라)		구약 말씀을 통해 오 실 메시야에 대한 언 약을 신약의 예수라는 인간을 통하여 구체적 으로 실현하신 하나님 (성경을 읽고 마음에 받아들임으로 이해할 수 있다)

시 간	제 목	내 용	인도자	비 고
		나) 하나님이 인간이 되려고 그 자신 위험을 무릅 쓰고 감행했다면, 그 방법을, 우리의 신학사상으로 우리는 바꿀 수밖에 없지 않은가?		구약 말씀을 살펴보면, 죄를 지은 사람은 하나님 앞에 흠 없는 대속물로 제사 드림으로써 죄 사함을 받을 수 있었다. 순전한 제물에 자신의 죄를 전가하고 그 제물을 죽임으로써 자신의 죄도 함께 사함받을 수 있었던 것이다. 하지만 인류의 죄를 감당케 하실 예수 그리스도의 성육신 사건으로 인해, 또한 십자가 사건을 통해 하나님께서는 우리의 죄를 직접 사해주시고 용서의 사역을 하셨다. 이러한 사실을 우리의 신학(하나님을 아는 학문)사상으로 바꾸는 것은 당연한 일이다
		다) 무슨 신학 입장의 부류에 내가 소속한다고 생각하나?		아직 학부생으로서 어떠한 신학부류에 속하는 것까지 판단할 수 있는 역량은 부족하다고 판단된다

시 간	제 목	내 용	인도자	비 고
		라) 무엇이 복음의 핵심인가?		구약에서 말씀하신 우리의 죄를 사해주러 오실 메시야와 신약말씀을 통해 말씀이 육신이 되어 이 땅에 오신 메시야
		마) 성육신의 신학 의미가 오늘 나에게 있어서 무엇을 하나?		박: 지극히 낮은 자로서의 인간이기를 선택하신 하나님의 희생과 사랑하심을 통해 보잘것 없고 비천한 인간으로서의 나의 일생을 하나님 앞에 내어놓고 희생의 삶, 사랑의 삶을 다짐하게 한다 정: 인간의 모습으로 밖에 인간에 대한 사랑을 실현시킬 수밖에 없었던 하나님의 안타까움을 우리의 것으로 이해해야 함
21:10~ 21:15	위임의 기도	하늘 영광과 보좌를 버리시고 친히 인간의 몸으로 이 땅에 오신 예수님, 근본 하나님의 본체를 버리시고 희생하신 그 사랑에 감사드리옵나이다		
21:15~ 21:20	위임의 찬송과 폐회기도	오 베들레헴 작은 골 (120장)	다 같이	폐회기도는 주기도송

단어의 정의

구원-구원 의미는 신자가 하나님의 은혜에 의해 세상의 죄로부터 구해질 뿐만 아니라 신자는 하나님의 자녀로서의 양자를 말한다. 한 때 사람은 구원에 이르는 길에 대해 예수 그리스도 안에서 밝혀지는 방법에 따라 사는 것을 위임받았다. 예수 그리스도의 은혜에 의한 속죄는 신자가 그리스도로부터 하나님 나라를 앞당기는 사랑하는 하나님의 절대적으로 의로운 위임을 통해서 오는 구원의 최상의 과목이다.

예수 그리스도가 구세주인 것을 신자가 믿어야 하는 것은 기독교 신앙 가이드 프로그램에 있어서 매우 중요하다. 구원은 자신의 죄에 관해 신자가 하는 일과 관계가 있다. 하나님 안에 내주하는 살아 있는 하나님 말씀이 세상에 더 내재하게 된다면 그리고 하나님의 이름 안에 위대한 예배를 하도록 백성을 이끄는 예수 그리스도의 사역이라면, 예수는 정말로 구세주이다.

제6과 교회 공동체의 형상 예수 그리스도의 성육신의 구현

준비물 - 성경책, 필기도구.

프로그램 진행표

시 간	제 목	내 용	인도자	비 고
20:00~ 20:10	친교의 시간	Sharing Life		서로에게 가장 부담이 되는 일들을 나누고 그것을 위해 기도한다
20:10~ 20:15	기도의 공유 (분담)	하나님의 말씀을 통해 우리의 모습이 변화하게 하옵소서		
20:15~ 20:20	찬송 안에 관심의 공유	교회의 참된 터는 (242장)	다 같이	
20:20~ 20:25	주제에 대한 소개	그리스도의 몸 된 교회		신앙생활 공동체인 교회는 기독교 문화의 새로운 현상이다 신자가 세상 속에서 기독교인으로서 살아가기 위한 필수불가결의 요소이다
20:25~ 20:30	하나님의 말씀 읽기	구약수 24:1~27 신약-요 15:1~16	다 같이	한 목소리로 합독
20:30~ 21:10		가) 누가 교회의 머리인가?		예수 그리스도
		나) 오늘의 교회는 무엇인가? 혹은 교회는 누가인가?		건물로서의 교회, 그리스도를 주인으로 모시는 우리 자신

시 간	제 목	내 용	인도자	비 고
20:30~ 21:10	하나님의 말씀과 생활체험을 공유 그리고 질문	다) 거기에 보통 두 종류의 교회가 있다. 그들은 무엇인가?		(1)보이는 교회- 고: 건물로서 일반적인 교회 (2)보이지 않는 교회- 좌: 그리스도를 주인으로 모시는 우리 자신
		라) 왜 우리는 두 교회 사이의 차이를 구별하려고 해야 하나?		박: 그리스도의 몸 된 교회로서 우리는 어디에 있든지 무엇을 하든지 주님을 생각하고 경배해야 한다. 한: 예수 그리스도의 십자가 사건과 부활의 영광을 알고 마음으로 믿는 그리스도인들은 주님을 경배하고 찬양하는 예배의 터를 정하고 정해진 시간과 정해진 형식에 맞추어 예배 드려야 한다(히 2:12)
21:10~ 21:15	위임의 기도	우리를 죄에서 구원해주시고 영생을 누리게 하신 예수 그리스도를 찬양하며 그리스도의 몸 된 교회를 세워 주님을 늘 찬양하게 하옵소서		
21:15~ 21:20	위임의 찬송과 폐회기도	내 주의 나라와 (246장)	다 같이	폐회기도는 주기도송

단어의 정의

교회-교회는 하나님을 섬기고 예배하려는 공동체 양식으로 하나님에 의해 부름받은 신앙인이나. 그래시 기독교 교회의 성직 수임 명령은 그리스도의 사역을 계속한다. 그 여러 가지 기능을 통하여 하나님께 더 민감한 신앙인이 되어 세상에서 그리스도 사역을 계속하게 한다.

교회는 그리스도의 몸이다. 그리고 모든 신앙인들은 그리스도 몸의 지체이다. 예수 그리스도는 참으로 교회와의 조화에 나타나며 교회 구성원으로 나타난다.

교회의 주요한 목표 중의 하나는 설득력 있는 선포로 모든 사람들이 하나님께 돌아오게 하는 전도와 예배이다. 세상 안에 하나님의 주권이 임하기를 원하는 신앙인에게는 영적 성취와 도덕적 가치를 위해, 국가와 개인 사이의 관계를 위해, 인간 온전함(건강함)의 성취를 나타내려고 교회에 소속하려는 사람들에게 기독교 신앙 가이드 프로그램은 매우 중요하다.

교회는 신자와 세상 상호간에 지원할 수 있고, 예수 그리스도의 교회에서 지적인 봉사와 헌신에 의해 신앙을 향상시킨다.

제7과 인간 고생에서의 그리고 복음서와의 관계에 있어서 삼위일체 하나님의 형상

준비물 - 성경책, 필기도구.

프로그램 진행표

시 간	제 목	내 용	인도자	비 고
20:00~ 20:10	친교의 시간	Sharing Life		새 학기를 준비하며 각오의 한 마디씩
20:10~ 20:15	기도의 공유 (분담)	하나님을 아는 지식이 얼마나 어려운지 고백합니다. 우리에게 지혜를 허락하여 주시옵소서		
20:15~ 20:20	찬송 안에 관심의 공유	십자가에 달리신 (143장)	다 같이	
20:20~ 20:25	주제에 대한 소개	복음의 하나님, 삼위일체 하나님		해방으로 자유의 좋은 소식 (복음)으로의 하나님, 창조주, 속죄자(예수 그리스도), 위로자 하나님(성령)
20:25~ 20:30	하나님의 말씀 읽기	구약-창 1~2 신약-요 1:1~18		인도자와 함께 교독
20:30~ 21:10	하나님의	가) 나는 창조주 하나님을 기 술할 수 있나?		창 1장과 2장을 통하여 창조주 하나님을 만날 수 있다

시 간	제 목	내 용	인도자	비 고
	말씀과 생활체험을 공유 그리고 질문	나) 어떻게 우리는 창조주 하나님이 예수 그리스도의 인간됨 안에 육체화되었다는 것을 알고 있나?		한 사람의 범죄함으로 분리되었던 하나님과의 관계, 사망에 이르기를, 한 사람(예수 그리스도)으로 인하여 다시금 영생의 길로 들어갈 수 있게 되었다(롬 5:12~21). 임마누엘의 하나님(마 1:21~25)
		다) 우리는 어떻게 성령을 이해하나?		능력을 행하시는 하나님, 우리의 삶에 동행하시고 역사하시는 하나님
		라) 토론 조성		(1)어떻게 우리가 일하고 있는 하나님을 보나? 박: 우리의 삶에 사람들을 통하여, 주변환경의 변화를 통하여 나타내시는 하나님의 능력을 통하여 일하시는 하나님을 볼 수 있다 (2)우리는 하나님이 무엇을 하고 있다고 생각하나? 한: 창조사역의 재구현과 심판과 구원의 사역 (3)우리는 그것에 대해 무엇을 말할 수 있나?

시 간	제 목	내 용	인도자	비 고
				정: 신구약 말씀 전체를 통해 그러한 하나님의 사역을 알 수 있다 (4)우리가 살기 위한 그 의미는 무엇을 하나? 철: 죄로 인해 하나님과 분리된 인간으로서의 삶을, 재창조 사역을 위해 예수 그리스도를 이 땅에 보내시고 십자가 사건을 통해 구속의 은혜를 베풀어주신 하나님을 이 세상에 알리고 전하여 하나님의 나라를 예비하는 것이 우리 삶의 목적이다
21:10~ 21:15	위임의 기도	인간의 생명과 우리의 생사화복을 주관하시고 우리 삶에 늘 동행하시는, 역사하시는 삼위일체 하나님을 찬양하며 이 세상에 전파하게 하옵소서		아브라함과 이삭과 야곱의 하나님의 축복을 우리에게 허락하여 주시옵소서. 마리아로부터 태어나는 아들 예수 그리스도의 축복과 우리를 해방시키시는 성령의 축복이 우리 모두에게 함께하심을 감사합니다. 아멘
21:15~ 21:20	위임의 찬송과 폐회기도	피난처 있으니 (79장)	다 같이	폐회기도는 주기도송

제8과 예수 그리스도는 주이다

준비물 - 성경책, 필기도구.

프로그램 진행표

시 간	제 목	내 용	인도자	비 고
20:00~ 20:10	친교 시간	Sharing Life 및 새로운 멤버 환영		중간 점검 (느낀 점 나누기), 000(0학년) 환영
20:10~ 20:15	기도의 공유 (분담)	하나님께서 우리의 구세주 되심을 감사드립니다		죄에서 구원해주시는 구세주 하나님, 선한 길 로 인도하시는 하나님 께 감사
20:15~ 20:20	찬송 안에 관심의 공유	구주를 생각만 해도 (85장)	다 같이	
20:20~ 20:25	주제에 대한 소개	예수 그리스도는 나의 주다		나는 나의 전부 생활 온갖 관계를 완전히 지 배하게 해달라고 말하 기 위해 나는 모두 말 하고 행한다는 것
20:25~ 20:30	하나님의 말씀 읽기	구약-사 53:6 신약-요 3:16~ 14:6	다 같이	윤독
20:30~ 21:10	하나님의 말씀과 생활체험을 공유 그리고 질문	가) 새신자는 예수 그리스도 가 당신의 구세주와 주라고 참으로 믿는가?		예(정): 자신이 죄인임 을 고백하고 구원의 하 나님을 굳게 믿는 자

시 간	제 목	내 용	인도자	비 고
				아니오(고): 구원의 확신을 갖지 못한 자 나는 모른다(죄): 지식적으론 알지만 마음속 깊이 깨달아지지 않는 자
		나) 그리스도인이 되는 그 의미는 무엇을 하나?		죄인 된 나의 모습을 하나님 앞에 드러내고 나의 죄를 고백하고 회개함으로써 예수 그리스도의 십자가 사건을 통해 나의 죄가 사함받고 구원받는 사실을 마음속 깊이 깨닫고 구원자 하나님께 감사하는 생활을 하는 것
21:10~ 21:15	위임의 기도	죄인 된 저희를 구원해주시는 사랑의 하나님께 감사드립니다		이제부터는 나의 삶의 중심이 예수 그리스도가 되게 하여 주옵소서
21:15~ 21:20	위임의 찬송과 폐회기도	나는 예수 따라 가는 (387장)	다 같이	폐회기도는 주기도송

제9과 하나님께 성실

준비물 - 성경책, 필기도구.

프로그램 진행표

시 간	제 목	내 용	인도자	비 고
20:00~ 20:10	친교의 시간	Sharing Life 및 생일 축하 파티		새 학기를 맞이하여 기대하는 마음을 나누고 생일 축하
20:10~ 20:15	기도의 공유 (분담)	하나님, 우리가 항상 하나님 앞에 충실할 것을 도우시옵소서		묵상기도 5분, 인도자의 마무리 기도
20:15~ 20:20	찬송 안에 관심의 공유	오랫동안 모든 죄 가운데 빠져 (206장)	다 같이	
20:20~ 20:25	주제에 대한 소개	하나님과의 관계를 정립한 신자는 사람들 안에서 새로운 관계를 맺어나간다		하나님 앞에 성실한 신앙인들의 모습
20:25~ 20:30	하나님의 말씀 읽기	구약창 42~43 신약롬 14:1~9, 마 6:5~15	다 같이	
20:30~ 21:10	하나님의 말씀과 생활체험을 공유 그리고 질문	가) 나는 어떤 종류의 생활양 식을 닮고 싶은가?		예수그리스도를 중심에 품고 사는 삶
		나) 내가 사는 이유는 무엇 인가?		우리가 살아도 주를 위 하여 살고 죽어도 주를 위하여 죽나니 그러므 로 사나 죽으나 우리가 주의 것이로라

시 간	제 목	내 용	인도자	비 고
		다) 나는 하나님을 위해 죽을 수 있나?		죽으면 죽으리라
		라) 나는 얼마나 신앙생활의 온갖 날을 위해 하나님과 의 사소통을 하나?		하루 5번 정해진 기도 시간을 갖고 어디에 있 든지 늘 기도하고, 하루 5장 이상의 말씀을 묵 상하며 하나님을 생각 한다
		마) 나는 기도가 무엇인지 이 해하나?		내가 이해하는 기도는 하나님과의 대화이다. 사람들이 서로 입에서 나오는 말을 통해 이야 기를 나누듯 나는 하나 님과 기도를 통해 이야 기를 나눈다
21:10~ 21:15	위임의 기도	우리의 기도를 들으시고 응답하시는 하나님 감사드립니다		날마다 성실하게 하나 님을 찬양하고 하나님 과 의사소통할 것을 다 짐합니다
21:15~ 21:20	위임의 찬송과 폐회기도	주의 약속하신 말씀 위에서 399(장)	다 같이	폐회기도는 주기도송

단어의 정의

기도-기도는 신자가 하나님과 의사소통하는 본선 채널이다. 이 기
도의 정의는 가장 깊고 가장 넓고, 이런 이유로 가장 적합하다. 하나
님의 영은 신자 마음으로부터의 표시를 알고 있고, 하나님의 뜻을 알

고 있다. 하나님은 신자가 하나님과 두 개의 도로 방향의 의사소통을 가능하게 한다.

기도는 성령에 의해 하나님의 힘 인에서 기도하고, 성령 안에서 기도하는 신자를 가능하게 한다. 기도는 모든 문제에 직면하기 위해 신자에게 힘을 준다. 기도는 창조적 과정으로 넘치는 신자를 돕는다. 신자가 하나님의 종이 되는 것을 돕는다. 신자는 세상에서 가치의 성장 이유가 무엇인지에 대해 기도해야만 한다. 그리스도인은 예수의 이름으로 기도한다.

기도는 항상 신자의 목표에 관해서 하나님의 목표를 확신한다. 기도는 신자에게 알맞은 자기-지식, 자기-절제와 위임의 안정성을 준다. 기도는 신자가 난처하게 될 때, 본질적 사항이다. 기도는 기독교 신앙에 매우 중요하다. 기도 없이 어떤 기독교인의 성숙도 없기 때문이다. 신자는 하나님께 돌아와 평생토록 힘을 찾는다.

기도, 그 기도는 하나님에 대한 태도이다. 신자가 기도할 때, 태도는 신자의 가장 깊은 속의 자신을 성결하고, 재조정하고, 장려하고, 인도하여 신자의 인격을 바꾸는 영적 권능에 이끌려 창조된다. 그래서 신자는 하나님의 예배에 신자 자신을 제공할지도 모른다.

기도는 신자를 바꾸는 것이지 하나님의 뜻을 바꾸는 것이 아니다. 기도는 행동으로 이끌어간다. 기도는 기독교 신앙의 중심이다. 기도하는 동안 신자는 하나님 앞에 집중한다. 신자는 어디든지 있는 하나님이 신자와 함께 여기에도 있다고 식별을 한다.

기도의 네 유형

(1)고백의 기도

능력의 하나님, 보잘것없는 죄인들이 주님 앞에 나왔습니다. 주님과 감히 교통할 수 없지만 하나님의 그 크신 사랑하심과 은혜로 주님 안에 거하길 원하오니 주여 저희들을 받아주시옵소서. 하나님께서 주신 자유의지를 선용하지 못하고 하나님께서 싫어하시고 멀리하시는 죄악들에 이끌려 아버지를 멀리 떠나게 된 저희들을 용서하옵소서. 구속의 하나님이시요, 우리의 창과 방패가 되시어 어떤 환란에도 구해주시는 하나님, 세상 속에 살면서 악한 세상과 대적하여 늘 승리하게 하옵시고 영광의 주님을 찬양하게 하옵소서. 승리의 구세주 되시고 영광받으시기 합당하신 예수 그리스도 이름 받들어 기도하옵나이다. 아멘.

(2)감사의 기도

사랑의 하나님, 처음과 끝이 되시어 늘 우리와 함께하시니 참으로 감사드립니다. 이 세상을 창조하시고 주관하시어 사람으로 하여금 정복하고 다스리게 하시오니 또한 감사드립니다. 저희들이 삶이 하나님께로부터 받은 것에 늘 감사하는 삶이 되게 하옵시고, 감사하는 마음으로 인하여 다시금 하나님께 더욱 많은 축복을 누리는 귀한 하나님의 백성 되게 하옵소서. 살아 숨쉬며, 호흡하며 찬양할 수 있음에 감사드리고, 우리로 하여금 하나님을 전파할 수 있게 하시니 참으로 감사드립니다. 잘 되는 것도 감사, 못 되는 것도 감사, 힘든 것도 감사, 쉬운 것도 감사, 슬플 때도 감사, 기쁠 때도 감사, 비가 오나 눈이 오나 언제나 우리의 입술과 마음에서 감사의 고백이 흘러나오게 하여 주시옵기를 우리 구주 예수님의 이름으로 기도하옵나이다. 아멘.

(3)청원의 기도

하늘 보좌 위에 계시사 이 세상을 주관하시고 다스리시는 하나님을 찬양합니다. 이 시간 아버지 앞에 저희들의 소원하는 것들을 내려놓을 때에 친히 들어주시사 응답하여 주시옵소서. 가장 먼저 패역한 하나님의 백성들이 회개하며 주님 앞에 나아오길 기도합니다. 세상과 타협하며 또는 자기 자신에게 억눌려 하나님을 멀리 떠난, 하나님과의 관계를 단절시킨 많은 영혼들에게 하나하나 위로하여 주시고 찾아가 주시사 회복하여 주시옵소서. 그리하여 그들로 하여금 아직까지 주님을 멀리 떠나 방황하고 힘들어하는 주의 백성들이 속히 주님의 품에 안겨 평안을 누리게 하옵소서. 그들이 돌아옴으로 다시금 하나님의 나라를 확장시키는 데 힘쓸 수 있는 귀한 하나님의 사역자들 되게 하여 주시옵소서. 특별히 신앙공동체를 위하여 기도합니다. 하나님의 부르심에 순종하여 선지동산에서 학업 하게 하셨사오니 이들이 학업 하는 가운데 영과 육이 강건하여 나쁜 사탄 마귀 틈타지 않게 붙들어 주옵소서. 이들이 배우는 학문이 단지 머리로만 깨우치는 지식이 아니라 그 지식을 토대로 하나님의 뜻을 알게 되는 지혜의 학문이 되게 하여 주시옵소서. 그리하여 더러운 죄악 가운데 있는 많은 사람들에게 하나님의 뜻을 널리널리 전하는 주의 사도들 되게 하여 주시옵소서. 우리들의 삶이 하나님 중심이 되길 원합니다. 함께하여 주옵소서. 우리를 죄에서 구원해 주신 예수님의 이름으로 기도드립니다. 아멘.

(4)중재의 기도

우리를 평화의 도구로 사용하시길 원하시는 하나님께 경배와 찬양을 올려드립니다. 주님 말씀하시면 나아가는 순종의 사람 되길 원하오니 악한 세상과 하나님 사이를 회복시키는 중재의 역할을 감당하게 하여 주시옵소서. 감사드리오며 우리 구주 예수 그리스도 이름 받들어 기도하옵나이다. 아멘.

제10과 이웃 사랑

준비물 - 성경책, 필기도구.

프로그램 진행표

시 간	제 목	내 용	인도자	비 고
21:00~ 21:10	친교의 시간	Sharing Life		개강예배를 드리면서 한 학기를 맞이하는 각오와 다짐을 나눔
21:10~ 21:15	기도의 공유 (분담)	학우들의 한 학기 학업 위에 함께 하여 주시옵소서		우리의 이웃, 가장 가까운 학우들을 위한 기도
21:15~ 21:20	찬송 안에 관심의 공유	사랑하는 주님 앞에 (278장)	다 같이	
21:20~ 21:25	주제에 대한 소개	막 12:28~34		하나님 앞에 죄인임을 고백하고 회개하며 구속주 하나님의 사랑을 깨달은 새신자는 우리의 이웃을 사랑함으로써 하나님의 계명과 계획에 순종할 수 있다
21:25~ 21:30	하나님의 말씀 읽기	구약-창 4:1~16 신약-마 6:1~4, 고전 13	다 같이	
21:30~ 22:10	하나님의 말씀과 생활체험을 공유 그리고 질문	가) 나의 이웃은 누구인가?		정: 가까운 이웃으로는 부모, 형제, 자매 등 친지와 친척, 친구들을 말한다

시 간	제 목	내 용	인도자	비 고
				임: 넓은 의미로 소외된 자, 가난한 자, 모든 사람을 이야기한다
		나) 나의 이웃은 나의 적이 될 수 있나?		이웃은 우리가 항상 사랑하고 보살펴야 할 대상이지만 동시에 우리에게 무관심의 대상이 될 수도 있고 때로는 적(원수)이 되는 경우도 있다
		다) 나의 이웃은 불교도와 유학자가 될 수 있나?		박: 하나님의 구속 사건의 대상(전도의 대상)이기 때문에 타 종교의 사람들도 이웃이라 할 수 있다 고: 하나님의 창조 사역 안에서 모든 인간은 우리의 이웃이다
22:10~ 22:15	위임의 기도	이웃 사랑을 실천하게 하여 주옵소서.		하나님의 사랑을 이웃에게 전하는 작은 예수(자기 백성을 구원할 자)로서의 삶
22:15~ 22:20	위임의 찬송과 폐회기도	인류는 하나 되게 (272장)	다 같이	폐회기도는 주기도송

제11과 그리스도인의 선교 재구성

준비물 - 성경책, 필기도구.

프로그램 진행표

시 간	제 목	내 용	인도자	비 고
21:00~ 21:10	친교의 시간	Sharing Life		주일 사역 후, 느낀 점을 나눔(간증)
21:10~ 21:15	기도의 공유 (분담)	우리의 사역 위에 함께 하시는 주님을 찬양합니다		복음 전파(전도)에 소홀하였던 우리의 나태한 모습을 고백하고 용서 받는 시간과 사역 가운데 동행하시는 하나님을 찬양하는 기도
21:15~ 21:20	찬송 안에 관심의 공유	저 북방 얼음산과 (273장)	다 같이	
21:20~ 21:25	주제에 대한 소개	기독교 선교의 의미와 선교 방향의 이동		기독교 선교란 하나님의 말씀(창조와 성육신)을 전하는 것이고 교회로부터 새로운 현장인 신앙인으로의 방향전환이 필수 불가결하다
21:25~ 21:30	하나님의 말씀 읽기	구약-창 12:1~3 신약-눅 4:18~19	다 같이	
21:30~ 22:10		가) 왜 신자는 하나님으로부터 축복받기를 원하는가?		인간에게 고난은 필수적인 것이다. 인간은 하나님과의 단절, 즉 자유

시 간	제 목	내 용	인도자	비 고
	하나님의 말씀과 생활 체험을 공유 그리고 질문			의지를 통한 죄로 인해 고난을 당하고 그 고난 으로부터 벗어나고자 하는, 축복받는 삶을 살 고자 하는 인간 본성을 갖는다
		나) 신자는 우리 축복과 더불 어 무엇을 하나?		하나님의 창조사역, 예 수 그리스도를 통한 구 속의 사건, 성육신을 통 해 보여주시는 재창조 의 역사하심으로 신자 는 이전 것은 지나가고 새로운 피조물로 하나 님을 찬양하게 된다. 이 와 같은 사실을 신자는 사람들에게 전파하고 가르칠 사명을 갖는다 (마 28: 16~20)
		다) 당신은 기독교의 선교가 주위에 모든 사람에게 무엇 을 한다고 생각하나?		기독교, 즉 구세주이신 예수 그리스도를 전하 는 것은 죽어가는 영혼 들에게 생명을 불어넣 어 주는 활동이며, 영생 의 언약을 확인시켜 주 는 활동이다. 또한 가난 한 자와 억눌린 자, 소 외된 자, 포로 된 자들 을 자유케 하는 진리의 사역이다

시 간	제 목	내 용	인도자	비 고
		라) 왜 신자는 선교를 해야만 하나?		하나님의 뜻과 계획하심 아래 있는 피조물임을 깨달은 신자는, 그들 삶의 주인 되시고 주관자 되시는 하나님의 명령에 순종해야 한다. 그리스도 안에서 새 생명을 얻게 된 신자는 하나님을 전하는 일, 즉 기독교 선교에 앞장서야만 한다
22:10~ 22:15	위임의 기도	나 혼자만의 구원을 누리지 말고 이웃과 함께 구원의 기쁨을 누리게 하옵소서		포로된 자를 자유케 하시고, 가난한 자에게 우리의 소유를 나누게 하시고, 눈먼 자를 다시 보게 하시고, 눌린 자를 자유롭게 하는 주의 은혜의 해를 전파하는 새 신자가 되게 하옵소서
22:15~ 22:20	위임의 찬송과 폐회기도	물 건너 생명줄 던지어라(258장)	다 같이	폐회기도는 주기도송

단어의 정의

복음주의-모든 것을 포함하는 복음주의 기독교인 또는 교회는 함께 생활하고, 봉사, 예배에서 복음을 전하게 하려고 불렀다. 단지 설교에 서만 사용된 것은 아니다.

복음주의는 하나님의 말씀을 셀 수 없이 오랫동안 이론적으로 전하는 것이 당연했던 후에야 그리스도를 듣고 받아들였다. 그러나 사실 실제 생활은 그렇지 않았다.

복음주의는 기독교 신앙을 위한 가이드 프로그램에 있어서 매우 중요하다. 기독교인으로서 새신자는 모든 사람에게 하나님에 관한 특히 그리스도의 지식을 나누어줄 의무가 있기 때문에, 기독교인의 성숙을 위해 신앙공동체 안에 있는 사람들과 더불어 신앙생활을 시작하면서 "성숙한 기독교인은 다른 사람들과 하나님에 대해 성장하는 사랑을 논증할 것이다."

실제적인 적용은 공공연히 본보기를 보이며, 복음을 선언하는 그리스도의 몸인 교회와 기독교인의 과제이어야만 한다. 그것은 인격 안에 성육하신 하나님과 복음을 선언하는 복음 전도자(각각의 기독교인)이며, 그들은 복음의 진리가 드러나는 생활을 한다.

제12과 고생과 희망

준비물 - 성경책, 필기도구, 과제(느꼈던 점 생각해 오기).

프로그램 진행표

시 간	제 목	내 용	인도자	비 고
21:00~ 21:30	친교의 시간	교육 프로그램을 마치며 느낀 점 나누기.		철: 개인적으로 나의 신앙을 처음부터 지금까지 돌아볼 수 있었던 시간이었다. 민: 다소 어려운 부분들이 있었지만 말씀을 근거로 잘 해결할 수 있어서 좋았다. 암: 중간에 합류해서 따라가기 힘들었지만 팀원들이 도와줘서 많은 도움을 얻은 것 같다. 우리의 나눔이 기독교 신앙 지도에 잘 사용되길 바란다. 고: 2학년에겐 너무 어려운 내용들이 많았다. 조금 더 쉬운 말로 해석된 해석본이 있었으면 좋겠다.

시 간	제 목	내 용	인도자	비 고
				정: 음악에 관심이 많은 나로선 새신자가 하나님의 뜻을 발견하는 데 찬양이 도구가 되는 데에만 집중했었다. 하지만 이 신앙 가이드 프로그램을 통하여 근본적인 하나님의 말씀이 그들을 변화시킬 수 있을 거란 생각이 든다. 음악뿐만 아니라 말씀 공부에도 신경을 써야겠다. 좌: 학생회 일과 교육 나눔 모임을 병행하느라 성실하게 참여하지 못한 것 같아서 죄송하다. 앞으로 말씀 공부를 더 열심히 해서 많은 사람들이 하나님에 대한 올바른 신앙을 가질 수 있도록 노력하겠다.
21:30~ 21:35	기도의 공유 (분담)	희망의 하나님! 우리가 만난 이때의 고난이 하나님의 나라에서 보여주는 영광과 비교할 만한 가치가 없다는 것을 알고 있습니다. 우리가 희망찬 신앙생활을 하도록 인도해주옵소서. 우리의 하		묵상기도(지난 1~11과 까지의 내용을 기억하며.) 후, 인도자 마무리 기도

시 간	제 목	내 용	인도자	비 고
		나님, 우리는 하나님의 자녀이기 때문입니다. 예수 그리스도의 이름으로 기도합니다. 아멘.		
21:35~ 21:50	찬송 안에 관심의 공유	고생과 수고가 다 지난 후 (289장)	다 같이	**특송** (이 산지를 내게 주소서)
21:50~ 22:00	주제에 대한 소개	'고생과 희망'은 인간으로서 신앙인 존재의 가장 깊고 가장 복잡한 현실을 포함하는 두 개의 단순한 단어이다.		고생의 태도는 한국에 두드러지게 많다. 많은 사람들이 정치적으로 그리고 종교적으로 억압당하고, 경제적으로 착취당한 이후, 한국의 교회는 일용 노동자의 고생 위기에 대처하는 능력이 부족하다. 고로 한국인에게 생존을 위한 단순한 싸움은 그들의 삶에 우선 초점을 맞추는 일이다.
22:00~ 22:05	하나님의 말씀 읽기	구약사 53:1~12 신약막 15:33~41		인도자와 함께 교독
22:05~ 22:50	하나님의 말씀과 생활체험을 공유 그리고 질문	가) 따라서 신앙인은 고생 가운데 희망을 품거나, 신앙인은 고생함에도 불구하고 계속 희망을 품어야 하나?		예수 그리스도는 자신의 고난과 고생을 미리 예측하고 있었다. 하지만 하나님 아버지의 뜻이었기에 순종하셨다 (막 14: 36). 그리고 예수는 십자가 사건과 부활, 그 이후의 하늘 보좌를

110

시 간	제 목	내 용	인도자	비 고
				알고 있었기에, 마땅히 질고를 당하셨다. 그는 하나님 말씀에 순종함으로 하늘 보좌 위에 오르셨다. 새신자도 하나님의 말씀에 순종해야 하는 이유가 여기에 있다. 고생을 짊어져야 하는 이유가 여기에 있는 것이다. 희망을 품고 하나님 아버지의 뜻에 순종하는 자만이 하늘 영광을 누릴 수 있다.
		나) 신앙인은 음식을 위해 쓰레기 더미를 들여다보고 있는 노숙자를 대면할 때, 제공하는 희망이 무엇인가?		좌: 가난한 자에게 우리의 소유를 나누게 하시는 하나님의 뜻을 받들어 그들에게 우리의 소유를 나누고, 무궁한 복을 누릴 수 있는 하늘 나라의 비전을 노숙자에게 제시할 수 있다. 정: 예수 그리스도로 인해 육적인 배고픔뿐만 아니라 영적인 배고픔마저도 해결받았다는 사실을 희망으로 제공할 수 있다.

시 간	제 목	내 용	인도자	비 고
		다) 고생을 공유하는 사람들만 희망을 알고 있나?		박: 고생을 해보지 않은 사람은 희망이란 단어를 쉽게 사용할 수 없다. 단지 그들은 지식적인 희망, 제한적인 희망을 그릴 뿐이다. 고: 인생은 항상 두 가지로 상반되는 양태를 나타낸다. 고생의 반대말은 분명 희망이다. 그 희망을 바라보고 살아간다는 것은 인간으로서 당연한 삶을 누리는 방법이다.
		라) 그리고 위의 모든 기초적인 신학 문제-예수 그리스도는 한국인의 고생과 희망에 있어서 어디에 있나?		우리 삶의 주인 되시는 예수 그리스도를 믿는 자들에게 고생과 희망은 처음과 시작이요 중간과 가운데 되신다(계 1:8). 즉 우리 삶의 모든 것 되시는 예수 그리스도
22:50~ 22:55	위임의 기도	사랑의 하나님, 신앙 가이드 프로그램을 통하여 한 사람 한 사람에게 뜻하시는 하나님의 계획하심을 올바르게 알게 하여 주옵소서.		12주간의 교육 코스를 되돌아보며 구원받은 백성으로서 교회에서 신앙인의 역할에 대해 깊게 생각하며 통성으로 기도하고 인도자 마무리.

시 간	제 목	내 용	인도자	비 고
22:55~ 23:00	위임의 찬송	내 주의 지신 십자가 (365장)	다 같이	
	폐회기도	축복과 강복의 서원	다 같이	아브라함과 이삭과 야곱의 하나님의 축복을 누리게 하옵소서. 마리아로부터 태어난 아들 예수 그리스도의 축복과 우리를 해방시키는 성령의 축복이 우리 모두와 함께 있게 하심을 감사합니다. 예수님의 이름으로 기도하옵나이다. 아멘.

학습지도 계획표 A

대단원	중단원	소단원	회차	주 요 내 용	비고
기독교 신앙에 대한 가이드 북	신앙의 전기	현대사회의 실상	1	억압 문화와 해방 문화	수업
		사람들의 이야기	2	경제문제와 고난의 의미	
		죄인	3	욕심과 불안	
	성육신	하나님 계시의 언약	4	성서 언약 신학	
		성육신의 의미	5	변화가능한 복음 말씀의 육체화	
	교 회	공동체의 형상	6	기독교 문화 그리스도의 몸 거룩성 보편성 사도성	
		삼위일체 형상	7	창조주 속죄자 위로자	
	하나님께 성실	예수 그리스도	8	하나님 본성의 계시 구원의 방법 설득력 있는 사랑	
		기도	9	하나님과의 의사소통 고백 감사 청원 중재	
	기독교 선교	이웃 사랑	10	인간문화 창조문화 십계명	
		선교의 재구성	11	성육신 문화 기독교 이해 및 복음 그리스도를 닮음	
		고난과 소망	12	신앙고백, 신앙체험, 신앙생활.	

학습지도 계획표 B

단원명	신앙 안내	지도 일시	0000. 00. 00(목)	대상	등록 교인
단원 목표		1. 하나님 형상대로 지으심을 받은 하나님 자녀를 인식한다. 2. 이웃과 더불어 하나님께 영광을 돌리는 신앙생활을 할 수 있다.			

학습 단계	학습내용	학습활동		시간	유의점 보조자료
		교사	학생		
도입	출석 확인	개성 있는 소리, 동작	다양한 표현	10분	시간이 늦지 않도록 유의한다
	전시학습상기 및 학습 목표 제시	성서 창조주 하나님 말씀	요한복음 1:14		
전개	하나님의 창조 사역	사회실상분석 억압 문화 해방 문화 고생 이야기 인성- 지, 정, 의	성서를 크게 읽는다. 중요 단어에 표시를 한다 (창 2:7)	25분	토론할 때, 자유롭게 의견을 표현하 도록 개방적 인 분위기를 조성한다
	학습내용을 통해 전해지는 메시지	언약의 복음 기독교 문화 설득력 있는 예수의 사랑 사랑받는 자	정숙하게 의견을 경청 한다 내용 숙지 인간성 개발		주제 단어 토론 영화감상 "말아톤"
정리	교회 방문(2회) 그룹 토의	임마누엘의 신앙고백	예배 안내를 한다 (성육신)	8분	

학습 예고 및 과제	죄로 인한 관계성 문제 및 관계성 회복	자유의지, 선택, 판단과 행동	제3과 읽고 느낀 점 쓰기	2분	과제를 수행한다
형성 평가	1. 현대사회의 실상에서 무엇을 보고 듣고 생각합니까? 2. 하나님께서 천지만물과 사람을 만드실 때, 무엇으로 창조했나요? 3. 나는 가정, 교회, 사회를 위하여 할 수 있는 일이 무엇입니까?				

♣ 저 자

한기홍 목사

•약 력•

서울신학대학교 졸업
서울신학대학교 목회대학원 졸업.
미국)San Francisco Theological Seminary.(M.A.)
미국)New York Theological Seminary.(D. Min.)

복된교회 교육전도사
가나안교회 주임전도사
원미교회 전임전도사
원미교회 담임목사
본향교회 담임목사
경인신학교 신학과 교수(현)

한승복 전도사

•약 력•

장로회신학대학교
기독교교육과 4학년
생명의 교회 교육담당

기독교 신앙에 위한 가이드 북

· 초판 인쇄	2008 년 7 월 23 일
· 초판 발행	2008 년 7 월 23 일
· 지 은 이	한기홍. 한승복
· 펴 낸 이	채종준
· 펴 낸 곳	한국학술정보㈜
	경기도 파주시 교하읍 문발리
	파주출판문화정보산업단지 513-5
	전화 031)908-3181(대표)·팩스 031)908-3189
	홈페이지 http://www.kstudy.com
	e-mail(출판사업부) publish@kstudy.com
· 등 록	제일산-115 호(2000. 6. 19)
· 가 격	8,000 원

ISBN   978-89-534-9718-4 93230 (paper book)
       978-89-534-9719-1 98230 (e-book)